党的百年奋斗历史经验丛书
2022年主题出版重点出版物

总主编 辛向阳

自我革命

百年奋斗的政治担当

辛向阳 著

山东城市出版传媒集团·济南出版社

图书在版编目(CIP)数据

自我革命:百年奋斗的政治担当/辛向阳著. —
济南:济南出版社,2022.12
(党的百年奋斗历史经验丛书/辛向阳总主编)
ISBN 978 – 7 – 5488 – 5009 – 0

Ⅰ.①自… Ⅱ.①辛… Ⅲ.①中国共产党—党的建设
—研究 Ⅳ.①D26

中国版本图书馆 CIP 数据核字(2022)第 229777 号

自我革命:百年奋斗的政治担当
ZIWO GEMING:BAINIAN FENDOU DE ZHENGZHI DANDANG

出 版 人	田俊林
责任编辑	吴晟豪
封面设计	胡大伟
出版发行	济南出版社
地 址	山东省济南市二环南路 1 号(250002)
印 刷	山东省东营市新华印刷厂
版 次	2022 年 12 月第 1 版
印 次	2023 年 5 月第 1 次印刷
成品尺寸	170 mm × 240 mm 16 开
印 张	10.25
字 数	118 千
定 价	59.00 元

(济南版图书,如有印装错误,请与出版社联系调换。联系电话:0531 – 86131736)

总　序

辛向阳

　　从 1921 年成立到现在,中国共产党一路走来,筚路蓝缕,披荆斩棘,栉风沐雨,不断从胜利走向胜利,从一个辉煌走向另一个辉煌,已经走过了一百多年的历程。正如习近平总书记在庆祝中国共产党成立 100 周年大会上的讲话中所指出:"一百年来,中国共产党团结带领中国人民,以'为有牺牲多壮志,敢教日月换新天'的大无畏气概,书写了中华民族几千年历史上最恢宏的史诗。"一百多年前,党成立时只有 50 多名党员。今天,党已经成为拥有近一亿名党员、领导着 14 亿多人口大国、具有重大全球影响力的世界第一大执政党。一百多年前,中华民族呈现在世界面前的是一派衰败凋零的景象。今天,中华民族向世界展现的是一派欣欣向荣、朝气蓬勃的气象,正以不可阻挡的步伐迈向伟大复兴。这一百多年,有英勇顽强的奋斗,有艰难曲折的探索,有波澜壮阔的历程,也有动人心魄的故事,党历经淬炼,成就斐然。党自成立以来,始终把"为中国人民谋幸福、为中华民族谋复兴"作为自己的初心使命,以"为人类谋进步、为世界谋大同"彰显自己的天下情怀,始终坚持共产主义理想和社会主义信念,团结带领全国各族人民为争取民族独立、人民解放和实现国家富强、人民幸福以及强国建设、民族复兴而不懈奋斗，领导党和国家事业取得了历史性成就、实现了历史性变革、积累了历史性经验。

总结党的奋斗历程中的历史经验，既是党的优良传统，也是党的独特优势。过去一百多年，中国共产党向人民、向历史交出了一份优异的答卷。现在，中国共产党团结带领中国人民又踏上了实现第二个百年奋斗目标新的赶考之路，这就更加需要我们深刻总结党长期奋斗的历史经验。我们党历来高度重视总结历史经验。早在延安时期，毛泽东同志强调："如果不把党的历史搞清楚，不把党在历史上所走的路搞清楚，便不能把事情办得更好。"进入改革开放和社会主义现代化建设新时期，邓小平同志指出："历史上成功的经验是宝贵财富，错误的经验、失败的经验也是宝贵财富。这样来制定方针政策，就能统一全党思想，达到新的团结。这样的基础是最可靠的。"中国特色社会主义进入新时代，习近平总书记强调指出："历史是最好的教科书"，"历史是一面镜子"，"对我们共产党人来说，中国革命历史是最好的营养剂。多重温我们党领导人民进行革命的伟大历史，心中就会增加很多正能量"。习近平总书记还强调："中国历史是中国人民、中华民族坚持不懈的创业史和发展史。其中既有升平之世社会发展进步的丰富经验，也有衰乱之世的深刻教训以及由乱到治的经验智慧；既有当事者对时势的分析陈述，也有后人对前人得失的评论总结。可以说，在中国的史籍书林之中，蕴涵着十分丰富的治国理政的历史经验"，"我们学习历史，要结合我们正在干的事业和正在做的事情，善于借鉴历史上治理国家和社会的各种有益经验"。

在党的一百多年历史上，1945年4月党的六届七中全会通过《关于若干历史问题的决议》，1981年6月党的十一届六中全会通过《关于建国以来党的若干历史问题的决议》,2021 年 11 月党的十九届六中全会通过《中共中央关于党的百年奋斗重大成就和历史经验的决议》。这三个历史决议虽然诞生的历史背景、形成的现实条件和阐述的具体内容有所不同,但都以实事求是的原则总结了党的重大历史事件和重要经验教训,在重大历史关头统一了全党思想和行动,对推进党和人民事业发挥了重要引领作用。这三个历史决议贯通历史、现实和未来,深刻阐述了党团结带领人民争取民族独立、人民解放和实现国家富强、人民幸福以及开展强国建设、民族复兴的光辉历程,系统总结了党领导人民进行革命、建设、改革的历史经验,科学揭示了一百多年来中国共产党人对共产党执政规律、社会主义建设规律和人类社会发展规律的深刻认识。深入研究第三个历史决议,有助于我们牢牢掌握党和人民事业发展的历史主动,以党的重大成就和历史经验鼓舞斗志、凝聚力量、踔厉奋发、勇毅前行,以咬定青山不放松的执着、以一往无前的奋斗姿态接续夺取全面建设社会主义现代化强国的新胜利。

在党领导中国人民胜利实现第一个百年奋斗目标全面建成小康社会,踏上实现第二个百年奋斗目标新征程的重大历史关头,全面总结党的百年奋斗重大成就和历史经验,对推动全党进一步统一思想、统一意志、统一行动,团结带领全国各族人民夺取新时代中国特色社会主义新的伟大胜利,具有重大现实意义和深远历史意义。党的十九届六中全会通过的《中共中央关于党的百年奋斗重大成就和历史经验的决议》,是在建党百年历史条件下开启全面建设社会主义现代化国家新征程、在新时代坚持和发展中国特色社会主义的现实需要;是增强政治意识、大局意识、核心意识、看齐意识,坚定道路自信、理论自信、制度自信、文化自信,做到坚决维护习近平同志党中央的核心、全党的核心地位,坚决维护党中央权威和集中统一领导,确保全党步调一致向前进的政治需要;是推进党的自我革命、提高全党斗争本领和应对风险挑战能力、永葆党的生机活力、团结带领全国各族人民以中国式现代化全面推进中华民族伟大复兴而奋斗的时代需要。

回首党的一百多年的历程,正是在党的坚强领导下,中华民族才迎来了从站起来、富起来到强起来的伟大历史飞跃。党的十九届六中全会通过的《中共中央关于党的百年奋斗重大成就和历史经验的决议》,概括出来的具有根本性和长远性意义的十大历史经验,即坚持党的领导、坚持人民至上、坚持理论创新、坚持独立自主、坚持中国道路、坚持胸怀天下、坚持开拓创新、坚持敢于斗争、坚持统一战线、坚持自我革命,则充分反映了习近平总书记在党的二十大报告中所指出的:"实践告诉我们,中国共产党为什么能,中国特色社会主义为什么好,归根到底是马克思主义行,是中国化时代化的马克思主义行。"中国共产党历经一百多年,恰似风华正茂,仍然具有旺盛的生命力。世界充满好奇,时代充满追问。答案只有一个——坚定不移地坚持中国共产党的坚强领导。"党的百年奋斗历史经验丛书"正是立足于此,从基本史实、基本事实出发,全面阐释党的百年奋斗的十大历史经验,从政治、理论和思想等方面全面做出了回答。

加强对党的百年历史经验的研究,就是要深入研究党领导人民进行革命、建设、改革的一百多年的历史进程,全面总结党从胜利走向胜利的光辉历程,为国家、民族和人民建立的不朽功勋;深入研究党坚持把马克思主义基本原理同中国具体实际相结合、同中华优秀传统文化相结合,不断推进马克思主义中国化的一百多年的历史进程,全面深化对新时代党的创新理论的理解和运用;深入研究党不断增强党的团结、维护党中央权威和集中统一领导的一百多年的历史进程，深刻领悟加强党的政治建设这个马克思主义政党的鲜明特征和政治优势；深入研究党为"中国人民谋幸福、为中华民族谋复兴、为人类谋进步、为世界谋大同"的一百多年的历史进程，深刻认识党同人民生死相依、休戚与共的血肉联系，依靠人民创造历史伟业、创造历史伟业为了人民的阶级立场和推动世界社会主义运动发展、胸怀天下造福全人类的世界情怀；深入研究党加强自身建设、推进自我革命的一百多年历程，增强全面从严治党永远在路上的坚定和执着，确保党在新时代坚持和发展中国特色社会主义的历史进程中始终成为坚强领导核心；深入研究历史发展规律和大势，始终掌握新时代新征程党和国家事业发展的历史主动，增强锚定既定奋斗目标、意气风发走向未来的勇气和力量。

　　深入研究党的百年奋斗历程中形成的十大历史经验，要坚持科学的研究方法和原则要求。我们要坚持辩证唯物主义和历史唯物主义的方法论，用具体历史的、客观全面的、联系发展的观点来看待党的历史。要坚持正确党史观、树立大历史观，准确把握党的历史发展的主题主线、主流本质，正确对待党在前进道路上经历的失误和曲折，从成功中吸取经验，从失误中吸取教训，不断开辟走向胜利的新道路。要旗帜鲜明反对历史虚无主义，加强思想引导和理论辨析，澄清对党史上一些重大历史问题的模糊认识和片面理解，更好正本清源。尤其是，要坚持正确党史观和大历史观，立足于中华民族一百万年的人类史、一万年的文化史、五千多年的文明史，立足于五百余年的社会主义发展史、一百多年的中国共产党史、七十余年的中华人民共和国史、四十多年的改革开放史，从中华民族伟大复兴战略全局和世界百年未有之大变局出发，全面而准确地认清和把握新时代中国特色社会主义取得的历史性成就、发生的历史性变革。通过生动、深入、具体的纵横比较，把事实讲清楚，把道理讲明白，把理论讲透彻。

党的十九届六中全会通过的《中共中央关于党的百年奋斗重大成就和历史经验的决议》所总结的十条历史经验，是我们党百年奋斗中用鲜血和汗水凝练出来的理论结晶，既不是从哪本经典教科书上抄来的，也不是从哪个国家照搬来的，更不是在头脑中主观臆想出来的，而是系统完整、相互贯通的有机整体，揭示了党和人民事业不断成功的根本保证，揭示了党始终立于不败之地的力量源泉，揭示了党始终掌握历史主动的根本原因，揭示了党永葆先进性和纯洁性、始终走在时代前列的根本途径。这一历史决议深刻揭示了过去我们为什么能够成功、未来我们怎样才能继续成功，深刻阐述了中国共产党为什么能、中国特色社会主义为什么好、马克思主义以及中国化时代化的马克思主义为什么行，并进一步深刻回答了新时代坚持和发展什么样的中国特色社会主义、怎样坚持和发展中国特色社会主义，建设什么样的社会主义现代化强国、怎样建设社会主义现代化强国，建设什么样的长期执政的马克思主义政党、怎样建设长期执政的马克思主义政党等重大时代课题，是一篇闪耀着马克思主义真理光辉的纲领性文献，是新时代中国共产党人牢记初心使命、坚持和发展中国特色社会主义的政治宣言，是党领导广大人民以史为鉴、开创未来，全面建设社会主义现代化国家、全面推进中华民族伟大复兴的行动指南。

通过该丛书，我们可以清晰地看清楚过去我们党为什么能够成功、今天我们党如何成功，同时弄明白未来我们党怎样才能够继续成功，从而更加坚定、更加自觉地牢记初心、不忘使命，以更加宏大的气魄诠释胸怀天下。同时，在新时代更好坚持和发展中国特色社会主义，要不断坚持唯物史观和大历史观,以更加昂扬的姿态奋进新时代,逐梦新征程,踔厉奋发、勇毅前行、团结奋斗,全面建设社会主义现代化强国、全面推进中华民族伟大复兴。

全面建设社会主义现代化强国、全面推进中华民族伟大复兴,已进入了不可逆转的历史进程,我们比历史上任何时期都更接近、更有信心和能力实现这个目标。作为哲学社会科学工作者,我们要按照立足中国、借鉴国外,挖掘历史、把握当代,关怀人类、面向未来的思路,强化基础研究前瞻性、战略性、系统性布局,不断推进知识创新、理论创新、方法创新,以原创性、标识性的概念、话语、范畴、范式等深刻阐述党的百年奋斗历史经验生成的内在逻辑、内在机理。加快构建中国特色哲学社会科学学科体系、学术体系、话语体系,坚持用马克思主义及其中国化时代化的最新成果——习近平新时代中国特色社会主义思想观察时代、解读时代、引领时代,用鲜活丰富的当代中国实践来推动马克思主义发展,用宽广视野吸收人类创造的一切优秀文明成果,坚持在改革中守正出新、不断完善自己,在开放中博采众长、不断超越自己,不断深化对共产党执政规律、社会主义建设规律、人类社会发展规律的新认识,不断开辟马克思主义中国化时代化新境界!

目　录

第一章

自我革命的历史由来及逻辑

　　党的十八大以来，以习近平同志为核心的党中央围绕新时代坚持和发展什么样的中国特色社会主义、怎样坚持和发展中国特色社会主义，建设什么样的社会主义现代化强国、怎样建设社会主义现代化强国，建设什么样的长期执政的马克思主义政党、怎样建设长期执政的马克思主义政党，提出一系列原创性的治国理政新理念新思想新战略，其中很重要的一个方面就是关于自我革命的理论与实践。

第一节　自我革命命题的历史沿革

党的十八大之后，中国特色社会主义进入新时代，新的历史方位要求我们党必须在加强党的领导上迈出更大步伐。

一、从十八大到十九大：春雷惊蛰

2016 年 7 月 1 日，在庆祝中国共产党成立 95 周年大会上的讲话中，习近平总书记第一次明确提出了自我革命的命题。他指出："全党要以自我革命的政治勇气，着力解决党自身存在的突出问题，不断增强党自我净化、自我完善、自我革新、自我提高能力，经受'四大考验'、克服'四种危险'，确保党始终成为中国特色社会主义事业的坚强领导核心。"① 这次讲话之所以提出"自我革命的政治勇气"，有几个重要的原因：第一，党的先进性和纯洁性建设的要求。先进性和纯洁性是马克思主义政党的本质属性，我们加强党的建设，就是要同一切弱化先进性、损害纯洁性的问题作斗争，祛病疗伤，激浊扬清。党的十八大以后，党和人民的事业发展到中国特色社会主义新时代，党的建设就要适应这个阶段，把先进性和纯洁性建设放在更加重要的位置来看待。第二，严肃党内政治生活的要求。严肃党的政治纪

① 习近平：《在庆祝中国共产党成立 95 周年大会上的讲话》，人民出版社 2016 年版，第 22 页。

律和政治规矩，增强党内政治生活的政治性、时代性、原则性、战斗性，全面净化党内政治生态，就要求党必须进行自我革命。在长期实践中，党内政治生活状况总体是好的，但一个时期以来，也出现了一些亟待解决的突出矛盾和问题，主要是："在一些党员、干部包括高级干部中，理想信念不坚定、对党不忠诚、纪律松弛、脱离群众、独断专行、弄虚作假、庸懒无为，个人主义、分散主义、自由主义、好人主义、宗派主义、山头主义、拜金主义不同程度存在，形式主义、官僚主义、享乐主义和奢靡之风问题突出，任人唯亲、跑官要官、买官卖官、拉票贿选现象屡禁不止，滥用权力、贪污受贿、腐化堕落、违法乱纪等现象滋生蔓延。特别是高级干部中极少数人政治野心膨胀、权欲熏心，搞阳奉阴违、结党营私、团团伙伙、拉帮结派、谋取权位等政治阴谋活动。"① 这些问题的解决需要有真正的自我革命勇气。第三，推进反腐败斗争的要求。这一时期反腐败斗争严峻复杂，需要在自我革命中赢得斗争胜利。2015 年 1 月，习近平总书记在中国共产党第十八届中央纪律检查委员会第五次全体会议上发表重要讲话时强调："从这两年查处的案件和巡视发现的问题看，反腐败斗争形势依然严峻复杂，主要是在实现不敢腐、不能腐、不想腐上还没有取得压倒性胜利，腐败活动减少了但并没有绝迹，反腐败体制机制建立了但还不够完善，思想教育加强了但思想防线还没有筑牢，减少腐败存量、遏制腐败增量、重构政治生态的工作艰巨繁重。"② 没有自我革命的勇气，这些问题甚至是其中任何一个问题都是无法解决的。所

---

① 中共中央党史和文献研究院编：《十八大以来重要文献选编》（下），中央文献出版社 2018 年版，第 419 页。

② 人民日报编：《深入学习习近平总书记重要讲话和十八届中央纪委五次全会精神》，人民出版社 2015 年版，第 3 页。

以，习近平总书记在党的二十大报告中强调："腐败是危害党的生命力和战斗力的最大毒瘤，反腐败是最彻底的自我革命。"①

从这之后，自我革命就成为习近平总书记念念不忘的一个关键词。2017年2月，习近平总书记在省部级主要领导干部学习贯彻党的十八届六中全会精神专题研讨班上的讲话中系统阐明了"党必须自我革命"这一重要内容：第一，勇于自我革命，是我们党最鲜明的品格，也是我们党最大的优势。习近平总书记指出："中国共产党的伟大不在于不犯错误，而在于从不讳疾忌医，敢于直面问题，勇于自我革命，具有极强的自我修复能力。"②"最鲜明的品格""最大的优势"这两个"最"的表述，阐明了我们党的特点和不可战胜性。没有任何一个政党包括革命政党能有这样的特点，而且这种特点是在一百多年中始终呈现出来的，是从未消失过的。有的政党在一个阶段一个时期能够做到，有的政党能够在某一个领域某一个方面能够做到，但像我们党这样始终如一，在任何一个时期和阶段都能够全面做到，是没有的。第二，我们党拥有自我革命的勇气不是偶然的，也不是凭空说说的，而是有着深厚政治基础的。因为我们党除了国家、民族、人民的利益，没有任何自己的特殊利益。习近平总书记指出："不谋私利才能谋根本、谋大利，才能从党的性质和根本宗旨出发，从人民根本利益出发，检视自己；才能不掩饰缺点、不回避问题、不文过饰非，有

---

① 习近平：《高举中国特色社会主义伟大旗帜 为全面建设社会主义现代化国家而团结奋斗》，人民出版社2022年版，第69页。

② 中共中央党史和文献研究院编：《十八大以来重要文献选编》（下），中央文献出版社2018年版，第589页。

缺点克服缺点，有问题解决问题，有错误承认并纠正错误。"① 我们党谋的大利是民族的大利、国家的大利、人民的大利、人类的大利、历史的大利，是要实现中华民族伟大复兴的根本利益，实现共产主义远大理想的根本追求。党一旦有特殊利益，这些大利是不可能谋的。正所谓"无私者，可置以为政"，"不私，而天下自公"。第三，自我革命的勇气包括自我革命的精神、自我革命的决心和意志。习近平总书记在《党必须勇于自我革命》中强调："党的十八大以后，我们提出全面从严治党，以敢于刀刃向内的勇气向党内顽瘴痼疾开刀，以一抓到底的钉钉子精神把管党治党要求落实落细，都贯穿着强烈的自我革命精神，体现了我们党自我革命的决心和意志。"② 自我革命精神包括永不自满、永不懈怠、永不停息的品质，也包括自我净化、自我完善、自我革新、自我提高的风貌。坚持自我革命精神，关键要有正视问题的自觉和刀刃向内的勇气。习近平总书记指出："自我革命本身就是对着问题去的，讳疾忌医是自我革命的天敌。无论什么时候，问题总是客观存在的，怕就怕对问题熟视无睹、视而不见，结果小问题变成大问题，小管涌演变为大塌方。只有努力在革故鼎新、守正出新中实现自身跨越，才能不断给党和人民事业注入生机活力。"③ 习近平总书记还批评了那种所谓"一党执政无法解决自身问题"的"同体监督不力论"，指出："有些人迷恋西方多党轮替、三权鼎立那一套，

---

① 中共中央党史和文献研究院编：《十八大以来重要文献选编》（下），中央文献出版社 2018 年版，第 590 页。

② 中共中央党史和文献研究院编：《十八大以来重要文献选编》（下），中央文献出版社 2018 年版，第 590 页。

③ 中共中央党史和文献研究院编：《十八大以来重要文献选编》（下），中央文献出版社 2018 年版，第 591 页。

认为一党执政无法解决自身存在的问题。"① 中国共产党靠自我革命的勇气完全解决了这一问题。

在这一系列论述的基础上，自我革命的理论进入了党的十九大报告。习近平总书记在报告中指出："勇于自我革命，从严管党治党，是我们党最鲜明的品格。必须以党章为根本遵循，把党的政治建设摆在首位，思想建党和制度治党同向发力，统筹推进党的各项建设，抓住'关键少数'，坚持'三严三实'，坚持民主集中制，严肃党内政治生活，严明党的纪律，强化党内监督，发展积极健康的党内政治文化，全面净化党内政治生态，坚决纠正各种不正之风，以零容忍态度惩治腐败，不断增强党自我净化、自我完善、自我革新、自我提高的能力，始终保持党同人民群众的血肉联系。"② 自我革命的理论成为全党的意志和共识。

二、 党的十九大以来的五年： 自我革命旋律强劲

党的十九大以来，围绕自我革命，习近平总书记进行了十分系统的阐释。

（一） 在新时代，党要以伟大的自我革命引领伟大社会革命

2018 年 1 月 5 日，习近平总书记在新进中央委员会的委员、候补委员和省部级主要领导干部学习贯彻习近平新时代中国特色社会主义

---

① 中共中央党史和文献研究院编：《十八大以来重要文献选编》（下），中央文献出版社 2018 年版，第591 页。

② 《习近平谈治国理政》第 3 卷，外文出版社 2020 年版，第 20—21 页。

思想和党的十九大精神研讨班上发表重要讲话，指出："在新时代，我们党必须以党的自我革命来推动党领导人民进行的伟大社会革命。"① "我在党的十九大报告中强调：'我们党要始终成为时代先锋、民族脊梁，始终成为马克思主义执政党，自身必须始终过硬。'怎样才算过硬，就是要敢于进行自我革命，敢于刀刃向内，敢于刮骨疗伤，敢于壮士断腕，防止祸起萧墙。这就是为什么我们党要不断进行自我革命的根本意义所在。"② 如此强调自我革命，原因在于：第一，决胜全面建成小康社会的艰巨任务、实现中华民族伟大复兴的历史使命，对我们党提出了前所未有的新挑战新要求，有很多难以想象的挑战摆在我们面前。第二，2018 年是中国改革开放 40 周年，全面深化改革需要自我革命的精神与勇气。改革开放 40 年的实践启示我们：打铁必须自身硬，扛包必须腰杆壮。我们党只有在领导改革开放和社会主义现代化建设伟大社会革命的同时，坚定不移推进党的伟大自我革命，敢于清除一切侵蚀党的健康肌体的病毒，使党不断自我净化、自我完善、自我革新、自我提高，不断增强党的政治领导力、思想引领力、群众组织力、社会号召力，才能把改革推向更高阶段。第三，影响党的先进性、弱化党的纯洁性的各种因素具有很强的危险性和破坏性，党面临的执政考验、改革开放考验、市场经济考验、外部环境考验将是长期的、复杂的，党面临的精神懈怠危险、能力不足危险、脱离群众危险、消极腐败危险将是尖锐的、严峻的，而且这些问题的新的表现方式也越来越多，产生的危险越来越大。第四，人类发展进入新的变局中，各种新的变化应接不暇，党如果没有自我革命的能

---

① 《习近平谈治国理政》第 3 卷，外文出版社 2020 年版，第 71 页。
② 习近平：《推进党的建设新的伟大工程要一以贯之》，《求是》2019 年第 19 期。

力，就无法引领时代。这些方面的现实决定了新时代党的建设新的伟大工程，既要培元固本，也要开拓创新，既要把住关键重点，也要形成整体态势，特别是要发挥彻底的自我革命精神。2018 年 1 月 1 日，习近平总书记从健全党和国家监督体系、增强自我净化能力的角度谈到通过自我革命练就"绝世武功"。他指出："自我监督是世界性难题，是国家治理的哥德巴赫猜想。我们要通过行动回答'窑洞之问'，练就中国共产党人自我净化的'绝世武功'。党的十八大以来全面从严治党的实践证明，我们党自我净化的机制是有效的，我们完全有能力解决自身存在的问题。"①

我们党要永远立于不败之地，就要不断推进自我革命。2018 年 6 月，习近平总书记在山东考察时明确提出了这一重要论断。为什么这么强调这个问题？第一，是全面贯彻党的十九大精神，重整行装再出发，以永远在路上的执着把全面从严治党引向深入的要求。党的十九大后，我们党面临的执政环境仍然是复杂的，影响党的先进性、弱化党的纯洁性的因素也是复杂的，这两个"复杂"要求我们必须推进自我革命。此外，党的十九大之后，党的队伍和自身状况发生重大而深刻的变化，党的执政体制和制度发生重大而深刻的变化，这两个"深刻的变化"迫切要求提高党的建设质量、增强党组织的政治功能和组织功能。第二，是庆祝改革开放 40 周年的要求。回顾改革开放 40 年的历程，我们可以清楚地看到，在进行社会革命的同时不断进行自我革命，是我们党区别于其他政党最显著的标志，也是我们党不断从胜利走向新的胜利的关键所在。没有自我革命，就不可能有改革开放的

---

①《习近平谈治国理政》第 3 卷，外文出版社 2020 年版，第 511 页。

成功。第三，受国际国内环境等各种因素的影响。党的十八大到十九大的五年，我们重点解决了长期积累的大量的存量问题，但这项任务还远没有完成，很多存量问题还需要继续解决；在遏制增量方面，不收手不收敛的违纪违法问题依然突出；重拳高压基本刹住了乱作为的问题，但不担当不作为、慵懒散漫等问题又随之出现，斗争会更加复杂，更考验我们全面从严治党的耐力和能力。如何不断推进自我革命？习近平总书记指出："教育引导党员、干部特别是领导干部从思想上正本清源、固本培元，筑牢思想道德防线，增强拒腐防变和抵御风险能力，时刻保持共产党人的政治本色。领导干部必须珍惜权力、管好权力、慎用权力，自觉接受各方面监督，做到忠诚老实、言行一致、表里如一，时刻想着为党分忧、为党奉献。"①

（二）党的自我革命任重而道远

进入 2019 年，对于自我革命，习近平总书记的论述就更多了。原因在于：第一，2019 年是中华人民共和国成立 70 周年，是全面建成小康社会、实现第一个百年奋斗目标的关键之年。在这样一个时刻，强调自我革命，提高党的战斗力，既是对新中国成立 70 周年的最好献礼，也是完成第一个百年目标的重要保证。第二，是确保党成为中国特色社会主义事业的中流砥柱，确保立党为公、执政为民，确保党始终走在时代前列，确保党永葆清正廉洁的政治本色的关键所在。第三，是取得全面从严治党更大战略性成果、巩固发展反腐败斗争压倒性胜利的要求。经过艰辛努力，到 2018 年初，我们取得了反

---

① 习近平：《切实把新发展理念落到实处　不断增强经济社会发展创新力》，《人民日报》2018 年 6 月 15 日。

腐败斗争的压倒性胜利。要巩固这一成果，就需要不断推进自我革命。第四，是深入开展"不忘初心、牢记使命"主题教育工作的要求。开展这次主题教育，就是要认真贯彻新时代党的建设总要求，奔着问题去，以刮骨疗伤的勇气、坚忍不拔的韧劲坚决予以整治，同一切影响党的先进性、弱化党的纯洁性的问题作坚决斗争，努力把我们党建设得更加坚强有力。要完成好这一任务，就要做到自我革命。习近平总书记指出："敢于直面问题、勇于修正错误是我们党的显著特点和优势。要教育党员干部以刀刃向内的自我革命精神，广泛听取意见，认真检视反思，把问题找实、把根源挖深，明确努力方向和改进措施。检视问题要防止大而化之、隔靴搔痒，避重就轻、避实就虚；防止以上级指出的问题代替自身查找的问题、以班子问题代替个人问题、以他人问题代替自身问题、以工作业务问题代替思想政治问题、以旧问题代替新问题。针对查摆出来的问题，要对症下药，切实把问题解决好。"① 解决问题的关键就在于进行自我革命。

2019 年，习近平总书记围绕自我革命作出了哪些重要论述呢？第一，做到不忘初心、牢记使命，并不是一件容易的事情，必须有强烈的自我革命精神。牢记初心使命的确很难，一不小心就可能中途移辙，就会半途而废。第二，党的自我革命任重而道远，决不能有停一停、歇一歇的想法。停一停、歇一歇就会使党失去战斗力、失去民心、失去前行动力。第三，"我们党继承和发展马克思主义建党学说，形成了关于党的自我革命的丰富思想成果，如坚定理想信念，加强党性修养，从严管党治党，严肃党内政治生活，坚持经常性教育和集中

---

① 习近平：《在"不忘初心、牢记使命"主题教育工作会议上的讲话》，《求是》2019 年第 13 期。

性教育相结合，勇于开展批评和自我批评，加强党内监督，接受人民监督，不断纯洁党的思想、纯洁党的组织、纯洁党的作风、纯洁党的肌体，等等"①。这些我们会在相关章节展开论述，在此不再赘述。

（三）中国共产党是在自我革命中锻造出来的

进入 2020 年，习近平总书记始终把自我革命作为重要论题来阐述。原因在于：第一，自我革命的成效日益显现，特别是在自我革命精神引领下，我们建立的一系列制度开始发挥重要作用。我们坚持以伟大自我革命引领伟大社会革命，健全党的领导制度体系，深化党的建设制度改革，完善全面从严治党制度，坚决扭转一些领域党的领导弱化、党的建设缺失、管党治党不力状况。我们建立了不忘初心、牢记使命的制度，完善了坚定维护党中央权威和集中统一领导的各项制度，健全了党中央对重大工作的领导体制，健全了为人民执政、靠人民执政的各项制度，而这些制度的坚持和完善，都必须始终坚持自我革命精神。第二，提高治理腐败效能的要求。习近平总书记一直强调："我们要清醒认识腐蚀和反腐蚀斗争的严峻性、复杂性，认识反腐败斗争的长期性、艰巨性，切实增强防范风险意识，提高治理腐败效能。"② 我们要以严格的执纪执法增强制度刚性，推动形成不断完备的制度体系、严格有效的监督体系，才能赢得一个又一个斗争胜利。第三，抗击疫情呈现出来的意识形态斗争的复杂性也要求我们全力以赴做好自我革命这篇大文章。李文亮医生由于感染新冠病毒肺炎于

---

① 习近平：《全党必须始终不忘初心牢记使命　在新时代把党的自我革命推向深入》，《人民日报》2019 年 6 月 26 日。

②《习近平谈治国理政》第 3 卷，外文出版社 2020 年版，第 548 页。

2020 年 2 月 7 日去世，很多网民希望就李文亮去世搞清楚事情的真相。当时，一些别有用心的国内外敌对势力引导舆论、编织谣言、大肆炒作，斗争是复杂的。顺应民意，当天，中央纪委国家监委网站发布消息称，经中央批准，国家监察委员会决定派出调查组赴湖北省武汉市，就群众反映的涉及李文亮医生的有关问题作全面调查。调查组在疫情最严峻的武汉进行了艰苦的工作，于 3 月 19 日发布了《关于群众反映的涉及李文亮医生有关情况调查的通报》。调查组认定，李文亮医生是在疫情防控中英勇奋战、作出贡献和牺牲的医务人员队伍中的一员。调查组还认定武汉市公安局武昌分局中南路派出所对李文亮出具训诫书不当，督促公安机关撤销训诫书并追究有关人员责任。当晚，武汉市公安局官方微博发文称，决定撤销对李文亮医生的训诫书并向其家属郑重道歉。这些都表明了我们党是以人民利益为中心、能够自我革命的政党。

在 2020 年，习近平总书记阐述了一系列关于自我革命的重要论断：第一，强大的政党是在自我革命中锻造出来的。敢于直面问题、勇于修正错误，是我们党的显著特点和优势。我们党在自我革命中进行的锻造是人类政党史上绝无仅有的，我们不仅锻造了最强有力的筋骨，而且锻造了最有思想的大脑。2020 年 1 月 8 日，习近平总书记在"不忘初心、牢记使命"主题教育总结大会上的讲话中指出："回顾党的历史，我们党总是在推动社会革命的同时，勇于推动自我革命，始终坚持真理、修正错误，敢于正视问题、克服缺点，勇于刮骨疗毒、去腐生肌。正因为我们党始终坚持这样做，才能够在危难之际绝处逢生、失误之后拨乱反正，成为永远打不倒、压不垮的马克思主义政党。"① 这种自我革命锻造了我们党在危难之际绝处逢生的能力，使我们任何艰难都能克服，任何危机都能应对；锻造了我们在失误之后拨乱反正的能力，使我们能够迅速地依靠自己的力量纠正存在的问题。关于这一点，党的十一届六中全会通过的《关于建国以来党的若干历史问题的决议》指出："我们党敢于正视和纠正自己的错误，有决心有能力防止重犯过去那样严重的错误。从历史发展的长远观点看问题，我们党的错误和挫折终究只是一时的现象，而我们党和人民由此得到的锻炼，我们党经过长期斗争形成的骨干队伍的更加成熟，我国社会主义制度优越性的更加显著，要求祖国兴盛起来的党心、军心、民心的更加奋发，则是长远起作用的决定性的因素。"② 这种锻造的力度、强度还在不断加大。第二，自我革命使我们探索出一条长期执政条件下解决自身问题、跳出历史周期率的成功道路。这条道路可以说是中国特色社会主义道路在自我革命领域的具体体现，是中国特色社会主义政治发展道路的重要组成部分，更是坚定不移走好中国特色反腐倡廉道路的关键所在。2020 年 1 月，习近平总书记在十九届中央纪委四次全会上发表重要讲话强调："党的十八大以来，我们探索出一条长期执政条件下解决自身问题、跳出历史周期率的成功道路，构建起一套行之有效的权力监督制度和执纪执法体系，这条道路、这套制度必须长期坚持并不断巩固发展。"③ 这条道路为人类反腐败斗争提供了重要镜鉴。

---

① 习近平：《在"不忘初心、牢记使命"主题教育总结大会上的讲话》，《人民日报》2020 年 1 月 9 日。
②《中国共产党中央委员会关于建国以来党的若干历史问题的决议》，人民出版社 1981 年版，第 61 页。
③《习近平谈治国理政》第 3 卷，外文出版社 2020 年版，第 547 页。

（四）通过自我革命，确保党不变质、不变色、不变味

进入 2021 年，习近平总书记在多个重要场合阐述了自我革命问题。原因在于：第一，2021 年是中国共产党成立一百周年。一百年的历史昭示我们：党历经千锤百炼而朝气蓬勃，一个很重要的原因就是始终坚持党要管党、全面从严治党，同时这也是自我革命的必然要求；要确保我们党在世界形势深刻变化的历史进程中始终走在时代前列，在应对国内外各种风险挑战的历史进程中始终成为全国人民的主心骨，就必须通过自我革命应对好自身在各个历史时期面临的风险考验。第二，2021 年是实施"十四五"规划、开启全面建设社会主义现代化国家新征程的第一年，所有工作都要围绕开好局、起好步来展开，这对全面从严治党的要求更高了。腐败这个党执政的最大风险仍然存在，存量还未清底，增量仍有发生。政治问题和经济问题交织，威胁党和国家政治安全。传统腐败和新型腐败交织，贪腐行为更加隐蔽复杂。腐败问题和不正之风交织，"四风"成为腐败滋长的温床。腐蚀和反腐蚀斗争长期存在，稍有松懈就可能前功尽弃，反腐败没有选择，必须知难而进。党风廉政建设永远在路上，反腐败斗争永远在路上，保持先进性和纯洁性永远在路上。为此，各级领导干部要不断提高政治判断力、政治领悟力、政治执行力，始终保持"赶考"的清醒，保持对"腐蚀""围猎"的警觉，把严的主基调长期坚持下去，"以系统施治、标本兼治的理念正风肃纪反腐，不断增强党自我净化、自我完善、自我革新、自我提高能力，跳出治乱兴衰的历史周期率，

引领和保障中国特色社会主义巍巍巨轮行稳致远"①。

　　这一年，习近平总书记有很多论述：第一，自我革命是跳出历史周期率的重要路径。"我们党历史这么长、规模这么大、执政这么久，如何跳出治乱兴衰的历史周期率？毛泽东同志在延安的窑洞里给出了第一个答案，这就是'只有让人民来监督政府，政府才不敢松懈'。经过百年奋斗特别是党的十八大以来新的实践，我们党又给出了第二个答案，这就是自我革命。"② 第一个答案我们不仅给出来了，而且成绩十分优异。人民作为阅卷人，给了我们党很高的分数。全球知名的爱德曼国际公关公司发布了 2022 年全球信任度调查报告，这份涉及中国、美国、俄罗斯、英国、法国、德国、意大利、日本、韩国、印度、巴西、南非、澳大利亚、加拿大、西班牙、荷兰、爱尔兰、墨西哥、哥伦比亚、阿根廷、马来西亚、新加坡、印度尼西亚、泰国、沙特、阿联酋、肯尼亚、尼日利亚 28 个国家的民众信任度调查中，共有 36000 人参与。调查报告显示，中国信任度达 83 %，位列世界第一，也是 28 个被调查国家中唯一一个信任度超过80 %的国家。当然，只有这一个答案是不行的。经过党的十八大以来的努力，我们找到了第二个答案，这就是自我革命。自我革命这一答案的得出，不是简简单单、轻轻松松完成的，而是经历了十分艰辛的过程和努力。第二，自我革命不是简单的"花拳绣腿"，而是刚硬的"组合拳"。党的十八大以来，我们党以前所未有的勇气和定力全面从严治党，打了一套自我革命的"组合拳"，形成了一整套党自我净化、自我完善、自我

　　① 习近平：《充分发挥全面从严治党引领保障作用　确保"十四五"时期目标任务落到实处》，《人民日报》2021 年 1 月 23 日。

　　② 习近平：《以史为鉴、开创未来　埋头苦干、勇毅前行》，《求是》2022 年第 1 期。

革新、自我提高的制度规范体系。这套"组合拳"既虎虎生风，又刚柔并济。第三，自我革命是永恒的课题。2021 年 11 月 11 日，习近平总书记在党的十九届六中全会第二次全体会议上的讲话中指出："我们党历经百年、成就辉煌，党内党外、国内国外赞扬声很多。越是这样越要发扬自我革命精神，千万不能在一片喝彩声中迷失自我。正所谓'不诱于誉，不恐于诽'。全党同志要永葆自我革命精神，增强全面从严治党永远在路上的政治自觉，决不能滋生已经严到位、严到底的情绪。"① 全面从严治党十年过去了，一些党员干部滋生已经严到位、严到底、严到家的情绪，希望松一松、宽一宽。这种情绪需要用自我革命精神加以消除。

（五）全面从严治党是新时代党的自我革命的伟大实践，开辟了百年大党自我革命的新境界

进入 2022 年，全年最重要的任务就是着力保持平稳健康的经济环境、国泰民安的社会环境、风清气正的政治环境，以实际行动迎接党的二十大胜利召开。党的二十大是我们党在领导全国人民踏上全面建设社会主义现代化强国征程上的第一个全国性代表大会，是在世界进入新的动荡变革期召开的全国性代表大会。在这样一个背景下，强调自我革命意义尤其重大。

在党的二十大报告中习近平总书记强调："经过不懈努力，党找到了自我革命这一跳出治乱兴衰历史周期率的第二个答案，自我净化、自我完善、自我革新、自我提高能力显著增强，管党治党宽松软

---

① 习近平：《以史为鉴、开创未来　埋头苦干、勇毅前行》，《求是》2022 年第 1 期。

状况得到根本扭转，风清气正的党内政治生态不断形成和发展，确保党永远不变质、不变色、不变味。"①

正如习近平总书记在党的二十大报告中所强调："全党必须牢记，全面从严治党永远在路上，党的自我革命永远在路上，决不能有松劲歇脚、疲劳厌战的情绪，必须持之以恒推进全面从严治党，深入推进新时代党的建设新的伟大工程，以党的自我革命引领社会革命。"②

这一年，习近平总书记有很多重要论述：第一，全面从严治党是新时代党的自我革命的伟大实践，开辟了百年大党自我革命的新境界。这是习近平总书记在十九届中央纪委六次全会上发表重要讲话时指出的。他说："一百年来，党外靠发展人民民主、接受人民监督，内靠全面从严治党、推进自我革命，勇于坚持真理、修正错误，勇于刀刃向内、刮骨疗毒，保证了党长盛不衰、不断发展壮大。"③ 第二，全面从严治党是党永葆生机活力、走好新的"赶考之路"的必由之路。这是习近平总书记在参加他所在的十三届全国人大五次会议内蒙古代表团审议时提出来的。他明确指出："办好中国的事情，关键在党、关键在全面从严治党。只要大力弘扬伟大建党精神，不忘初心使命，勇于自我革命，不断清除一切损害党的先进性和纯洁性的有害因素，不断清除一切侵蚀党的健康

① 习近平：《高举中国特色社会主义伟大旗帜　为全面建设社会主义现代化国家而团结奋斗》，人民出版社 2022 年版，第 14 页。
② 习近平：《高举中国特色社会主义伟大旗帜　为全面建设社会主义现代化国家而团结奋斗》，人民出版社 2022 年版，第 64 页。
③ 习近平：《坚持严的主基调不动摇　坚持不懈把全面从严治党向纵深推进》，《人民日报》2022 年 1 月 19 日。

肌体的病原体，我们就一定能够确保党不变质、不变色、不变味。"① 这些论述都包含着深刻的道理。

第二节 自我革命是中国共产党人解答诸多 历史难题的神器

历史滚滚向前，我们会遇到许多新的困难和障碍，面临许多各种各样的复杂难题。前进道路上新的"铁索桥"、"娄山关"、"腊子口"、"雪山"、"草地"的不断增加，要求我们必须保持自我革命的精神与劲头。

一、马克思恩格斯之论：自我革命就要割除自身寄生的毒瘤

马克思写道："公社体制会把靠社会供养而又阻碍社会自由发展的国家这个寄生赘瘤迄今所夺去的一切力量，归还给社会机体。仅此一举就会把法国的复兴推动起来。"② 恩格斯写道："实际上，国家无非是一个阶级镇压另一个阶级的机器，而且在这一点上民主共和国并不亚于君主国。国家再好也不过是在争取阶级统治的斗争中获胜的无产阶级所继承下来的一个祸害；胜利了的无产阶级也将同公社一样，

---

① 习近平：《不断巩固中华民族共同体思想基础 共同建设伟大祖国 共同创造美好生活》，《人民日报》2022年3月6日。

②《马克思恩格斯文集》第3卷，人民出版社2009年版，第157页。

不得不立即尽量除去这个祸害的最坏方面，直到在新的自由的社会条件下成长起来的一代有能力把这国家废物全部抛掉。"① 通过自我革命，能减少社会的寄生者，特别是国家、政府机器中的一些无助于甚至破坏经济社会发展的力量。

在这个方面，中国共产党通过自我革命积累了丰富的经验。例如延安时期的"精兵简政"。1941 年 11 月，陕甘宁边区二届一次参议会期间，毛泽东把民主人士李鼎铭的一份关于精兵简政的提案整个抄到了自己的本子上，重要的地方还用红笔圈起来，并且加了一段批语："这个办法很好，恰恰是改造我们的机关主义、官僚主义、形式主义的对症药。"② 1937 年陕甘宁边区成立时，党政军脱产人员仅 1.4 万人，1938 年亦仅 1.6 万人。1941 年边区脱产人员比 1937 年增加了 4 倍，达到 7.3 万人。这给边区财政支出带来巨大压力，也增加了人民负担。以人民的公粮负担为例，从 1939 年的 5 万石剧增至 1941 年的 20 万石。1941 年 6 月 3 日，陕甘宁边区召开县长联席会议讨论征粮问题。突然天下大雨，电闪雷鸣，延川县一位姓李的代县长遭雷击身亡。同时，一位农民的一头驴也被雷电击死。这个农民逢人便说：老天爷不睁眼，咋不打死毛泽东。这个农民的话引起了毛泽东的深思。毛泽东后来曾说："那年边区政府开会时打雷，垮塌一声把李县长打死了，有人就说，唉呀，雷公为什么没有把毛泽东打死呢？我调查了一番，其原因只有一个，就是征公粮太多，有些老百姓不高兴。那时确实征公粮太多。要不要反省一下研究研究政策呢？要！"③ 边区

---

① 《马克思恩格斯文集》第 3 卷，人民出版社 2009 年版，第 111 页。

② 李维汉：《回忆与研究》（下），中共党史资料出版社 1986 年版，第 502 页。

③ 《毛泽东文集》第 3 卷，人民出版社 1996 年版，第 338 页。

参议会结束后不久，1941 年 12 月 4 日，中共中央发出了《为实行精兵简政给各县的指示信》，精兵简政工作迅速推开，发挥了重要作用。一个社会的发展必须减少非生产性人员，使更多人员进入生产领域和创造更多经济社会价值的场域。

二、列宁之思：自我革命就是要清除党内存在的种种影响先进性的因素

1920 年 4 月 5 日，列宁在俄共（布）第九次代表大会的闭幕词中讲道："我们的党是执政党，因而自然也就是公开的党，是加入之后就有可能掌权的党，我们在这个时期不得不进行斗争，防止坏分子，防止那些旧资本主义的渣滓钻进和混入执政党里来。"[①] 他还强调：坏分子在攀附我们的党，这是很自然的，因为这是一个执政的党。如何使执政的党不变质呢？列宁提出了三个办法：实行共产主义星期六义务劳动，在实施过程中把工人和其他阶级中最可靠的人吸收到党内来；推广工人国家和征收党员周活动，在征收过程中，把那些保持着蓬勃朝气、对苏维埃政权无限忠诚、具有高度自我牺牲精神和英雄主义热情的人吸收入党；进行清党活动，通过清党尤其是重新登记，把"混进党内的人"驱除出去，只让有觉悟的真正忠于社会主义信念的人留在党内。

在这里，一个重要的方法就是实行共产主义星期六义务劳动。对于党的建设来说，共产主义星期六义务劳动意义也很重大。列宁明确

---

①《列宁全集》第 38 卷，人民出版社 2017 年版，第 318 页。

指出："星期六义务劳动对我们还有双重意义：从国家的角度看，它是对国家真正实际的支援；从党的角度看（我们这些做党员的不应该忽视这一点），它对清除混到党内来的分子和抵制腐朽资本主义环境对党的影响是有意义的。"① 列宁在 1919 年 6 月写的《伟大的创举》中就提出要利用共产主义星期六义务劳动来推进清党工作：非经半年"用革命精神从事工作"的"考验"或"见习期"，不得接受入党。列宁明确指出：1917 年 10 月 25 日以后入党的一切党员，如果没有特殊的劳动或功绩证明自己绝对忠诚可靠，能够做一个共产党人，都需要经过这样的审查。也就是说，在十月革命胜利之后入党的党员都应当经过星期六义务劳动的考验。列宁在 1919 年 12 月 20 日就星期六义务劳动的报告所作的总结中再次强调："经验表明，星期六义务劳动无疑是纯洁党的好办法。它不是万能的洗涤剂，却是效力很大的洗涤剂。"② 通过这种义务劳动，可以磨炼共产党人的意志，更可以自觉抵制一些错误的观念。那些在星期六义务劳动中表现突出、忘我奉献的人，一定是合格的共产党员；那些对这一劳动表现不热心、不主动、不作为的人，一定不是合格的共产党员。

三、 葛兰西之问： 勇于为人民牺牲自己的利益

1926 年 10 月 14 日，意大利共产党创始人之一的葛兰西为意大利共产党政治局起草了致联共（布）中央的一封信。葛兰西在这封信中精辟地分析了新生工人国家面临的困难和危险，特别是无产阶级政党

---

① 《列宁全集》第 38 卷，人民出版社 2017 年版，第 40 页。
② 《列宁全集》第 38 卷，人民出版社 2017 年版，第 41 页。

执政后面临的突出矛盾：在历史上从未见过一个统治阶级整体上生活条件低于被统治阶级和从属阶级的某些分子和阶层。历史把这种前所未闻的矛盾留给了无产阶级；无产阶级专政的巨大危险恰恰在于这种矛盾，尤其在那些资本主义没有充分发展、不能统一生产力的国家内更是如此。"然而，如果无产阶级不以牺牲本集团的利益来克服这个矛盾，就不能成为统治阶级。如果无产阶级在成为统治阶级以后，不为了本阶级的整体利益和长远利益而牺牲这些当前利益，那就不能保持无产阶级的领导权和专政。"① 葛兰西提出的问题是十分现实的。

解决好这一问题，需要处理好职业与事业、规则与原则的关系：

其一，职业与事业的关系。在革命战争年代，党员的职业就是他的事业。而随着时代的发展，职业与事业之间的关系变得越来越复杂。一个党员，他有自己的职业，而对于职业，很多人就要求有好的待遇、体面的工作环境等。作为一名党员，他的事业又是为党无私奉献。这两者常常会发生矛盾，而在发生矛盾的时候，要以党的事业、国家的事业为重。

其二，规则与原则的关系，也就是市场规则与巴黎公社原则之间的关系。在市场经济条件下，要大力弘扬巴黎公社原则所体现的奉献精神。巴黎公社为了防止国家和国家机关由社会公仆变为社会主人，采取了两个可靠的办法：第一，它把行政、司法和国民教育方面的一切职位交给普选选出的人担任，而且规定选举者可以随时撤换被选举者；第二，它对所有公务员，不论职位高低，都只付给跟其他工人同样的工资。马克思把巴黎公社的上述做法概括为巴黎公社原则，并认

---

① ［意］朱塞佩·费奥里：《葛兰西传》，人民出版社 1983 年版，第 231 页。

为，巴黎公社原则是永存的，是消灭不了的，在工人阶级得到解放以前，这些原则将一再表现出来。

对于巴黎公社原则，列宁极其珍视。十月革命后不到一个月，列宁领导的人民委员会就于1917年12月1日通过了《人民委员会关于高级职员和官员的薪金额的决定草案》。这个决定草案是列宁亲自起草的，其中规定："（1）规定人民委员每月最高薪金无未成年子女者为500卢布，有未成年子女者每个子女另增100卢布；家庭成员的住房每人不得超过一间；（2）请各地方工兵代表苏维埃制定并实行革命措施对高级职员征收特别税；（3）委托财政部拟定降薪的总法案；（4）委托财政部和各人民委员立即研究各部预算并削减一切过高的薪金及退休金。"① 正如列宁后来所说："这个政权一开始就曾宣布并实行了把高额薪金降低到中等工人工资水平的政策。"② 列宁和各部的人民委员一样每月领500卢布的工资，低于高级专家和机关一般工作人员的工资水平，当时二秘的工资是550卢布。布尔什维克党的办公厅主任邦契-布鲁耶维奇觉得列宁的工资太低，有点过意不去，就把列宁的工资提高到每月800卢布。列宁知道后，坚辞不受，严肃批评了邦契-布鲁耶维奇的行为，要求人民委员会对邦契-布鲁耶维奇处以严重警告处分。1918年5月23日，列宁给邦契-布鲁耶维奇写了一个便条："人民委员会办公厅主任弗拉基米尔·德米特里耶维奇·邦契-布鲁耶维奇：鉴于您不执行我的坚决要求，不向我说明为什么从1918年3月1日起把我的薪金由每月500卢布提高到800卢布，鉴于您直接破坏人民委员会1917年11月23日的法令，在取得人民委员会

---

① 《列宁全集》第33卷，人民出版社2017年版，第105页。
② 《列宁全集》第34卷，人民出版社2017年版，第161页。

秘书尼古拉·彼得罗维奇·哥尔布诺夫同意后擅自提高我的薪金这一公然违法行为，我宣布给您以严重警告处分。"[1] 这个便条传达出来的信息是很有意思的：第一，语气十分严重，说邦契－布鲁耶维奇既不执行列宁的坚决要求，又直接破坏人民委员会的法令，性质是很严重的；第二，邦契－布鲁耶维奇作出这样的决定也不完全是个人行为，是取得人民委员会秘书尼古拉·彼得罗维奇·哥尔布诺夫同意的；第三，即使如此，也不能有丝毫的宽容，必须给予严重警告处分。

四、　毛泽东之虑：如何确保红色江山代代相传

毛泽东同志一生不仅为建立新中国立下了丰功伟绩，而且为新中国的千秋伟业深思熟虑。在延安，他不仅回答了郭沫若之问，而且回答了黄炎培之问。

首先，毛泽东深刻思考了农民战争的历史后果。1944 年，郭沫若在中国抗战取得胜利的前夕写下了警世名篇《甲申三百年祭》。《甲申三百年祭》揭示了中国历史上的农民起义最终失败的一个规律，就是一旦胜利，领导层上下皆逐利、皆腐化。毛泽东指示在延安《解放日报》全文转载《甲申三百年祭》，并要求各解放区印成单行本作为整风文件进行学习。1944 年 4 月 12 日，毛泽东在延安高级干部会议上作《学习和时局》报告时，特意谈到他让全党学习的用心："我们印了郭沫若论李自成的文章，也是叫同志们引为鉴戒，不要重犯胜利时骄傲的错误。"[2] 同年 11 月，他还特意致信郭沫若："你的《甲申

---

①《列宁全集》第 48 卷，人民出版社 2017 年版，第 142 页。
②《毛泽东著作专题摘编》，中央文献出版社 2003 年版，第 2126 页。

三百年祭》，我们把它当作整风文件看待。小胜即骄傲，大胜更骄傲，一次又一次吃亏，如何避免此种毛病，实在值得注意。"① 1949 年初，从西柏坡准备进京的毛泽东风趣地将此行比喻为"进京赶考"。毛泽东在回答周恩来"我们应当都能考试及格，不要退回来"的话时说："退回来就失败了。我们决不当李自成，我们都希望考个好成绩。"②

其次，毛泽东用"民主"回答了黄炎培之问。1945 年 7 月 4 日下午，毛泽东专门邀请黄炎培等人到他家里做客，他们整整长谈了一个下午。毛泽东问黄炎培来延安考察了几天有什么感想，黄炎培坦率地说："我生六十多年，耳闻的不说，所亲眼看到的，真所谓'其兴也勃焉，其亡也忽焉'。一人、一家、一团体、一地方乃至一国，不少单位都没能跳出这周期率的支配力。大凡初时聚精会神，没有一事不用心，没有一人不卖力，也许那时艰难困苦，只有从万死中觅取一生。继而环境渐渐好转了，精神也渐渐放下了。有的因为历时长久，自然地惰性发作，由少数演为多数，到风气养成，虽有大力，无法扭转，并且无法补救。也有因为区域一步步扩大了，它的扩大，有的出于自然发展；有的为功业欲所驱使，强求发展，到干部人才渐渐竭蹶，艰于应付的时候，环境倒越加复杂起来了，控制力不免薄弱了。一部历史，'政怠宦成'的也有，'人亡政息'的也有，'求荣取辱'的也有。总之，没有能跳出这个周期率。中共诸君从过去到现在，我略略了解的，就是希望找出一条新路，来跳出这个周期率的支配。"③黄炎培这一席耿耿净言，掷地有声。毛泽东高兴地答道："我们已经

---

① 中共中央文献研究室编：《毛泽东思想年编：1921~1975》，中央文献出版社 2011 年版，第 402 页。

② 中共中央文献研究室编：《毛泽东年谱（1893－1949）修订本》（下卷），中央文献出版社 2013 年版，第 470 页。

③ 于俊道、李捷主编：《毛泽东交往录》，人民出版社 1991 年版，第 28 页。

找到新路，我们能跳出这周期率。这条新路，就是民主。只有让人民来监督政府，政府才不敢松懈；只有人人起来负责，才不会人亡政息。"①

历史上很多王朝的确都是"其兴也勃焉，其亡也忽焉"。据《左传》记载：春秋时期，鲁庄公十一年（前683）秋天，宋国遭遇了洪水灾害。鲁庄公派遣使者去宋国表示慰问，宋湣公对鲁国使者臧文仲说："都是我不好，对上天不诚不敬，上天才降下了灾难。让贵国君王也担忧了，真是感激不尽！"臧文仲听到宋湣公的这些话以后，感慨地说："宋其兴乎！禹、汤罪己，其兴也勃焉；桀、纣罪人，其亡也忽焉。"但人民民主专政的政权决不能走这样的道路，也不会走这样的道路。我们的政治制度不断完善，废除了实际上存在的领导干部职务终身制，普遍实行领导干部任期制度，实现了国家机关和领导层的有序更替，确保了国家权力交接的平稳性、有序性。人民民主专政的政权不断扩大人民有序政治参与，人民实现了内容广泛、层次丰富的当家作主，我国全过程人民民主实现了过程民主和成果民主、程序民主和实质民主、直接民主和间接民主、人民民主和国家意志相统一，是全链条、全方位、全覆盖的民主，是最广泛、最真实、最管用的社会主义民主。人民民主专政的政权坚持发展最广泛的爱国统一战线，发展独具特色的社会主义协商民主，协商民主是中国社会主义民主政治中独特的、独有的、独到的民主形式，它源自中华民族长期形成的天下为公、兼容并蓄、求同存异等优秀政治文化，源自近代以后中国政治发展的现实进程，源自中国共产党领导人民进行革命、建

---

① 中共中央文献研究室编：《十六大以来重要文献选编》（上），中央文献出版社2005年版，第144页。

设、改革的长期实践，源自新中国成立后各党派、各团体、各民族、各阶层、各界人士在政治制度上共同实现的伟大创造，源自改革开放以来中国在政治体制上的不断创新，具有深厚的文化基础、理论基础、实践基础、制度基础。我们努力建设了解民情、反映民意、集中民智、珍惜民力的决策机制，增强决策透明度和公众参与度，保证了决策符合人民利益和愿望。我们积极发展广纳群贤、充满活力的选人用人机制，广泛把各方面优秀人才集聚到党和国家各项事业中来。人民民主专政的政权坚持依法治国、依法执政、依法行政共同推进，坚持法治国家、法治政府、法治社会一体建设，全社会法治水平不断提高。人民民主专政的政权建立健全多层次监督体系，完善各类公开办事制度，保证党和国家领导机关和人员按照法定权限和程序行使权力。

五、习近平之思：跳出历史周期率是关系党的千秋伟业的重大问题

党的十八大以来，习近平总书记多次地谈到跳出历史周期率的问题。为什么？因为这个问题关系党的千秋伟业，关系党的生死存亡，关系中国特色社会主义事业的前途命运，关系中华民族伟大复兴，关系人民美好生活的实现。2021 年 11 月，在党的十九届六中全会第二次全体会议上的讲话中，习近平总书记指出："我们党历史这么长、规模这么大、执政这么久，如何跳出治乱兴衰的历史周期率？毛泽东同志在延安的窑洞里给出了第一个答案，这就是'只有让人民来监督政府，政府才不敢松懈'。经过百年奋斗特别是党的十八大以来新的

实践，我们党又给出了第二个答案，这就是自我革命。"① 自我革命是什么？就是用伟大的理想信念补钙壮骨、排毒杀菌，用伟大的建党精神壮士断腕、去腐生肌，用伟大的革命精神时刻清除侵蚀党的健康肌体的病毒细菌，每日每时地提高自身免疫力。习近平总书记指出："早在延安时期，毛泽东同志就提出跳出'历史周期率'的课题，党的八大规定任何党员和党的组织都必须受到自上而下的和自下而上的监督，现在我们不断完善党内监督体系，目的都是形成科学管用的防错纠错机制，不断增强党自我净化、自我完善、自我革新、自我提高能力。"②

跳出历史周期率，必须在自我革命中建设好人民代表大会制度。2021 年 10 月，在中央人大工作会议上，习近平总书记指出："人民代表大会制度，坚持中国共产党领导，坚持马克思主义国家学说的基本原则，适应人民民主专政的国体，有效保证国家沿着社会主义道路前进。人民代表大会制度，坚持国家一切权力属于人民，最大限度保障人民当家作主，把党的领导、人民当家作主、依法治国有机结合起来，有效保证国家治理跳出治乱兴衰的历史周期率。"③ 实践证明，人民代表大会制度是符合我国国情和实际、体现社会主义国家性质、保证人民当家作主、保障实现中华民族伟大复兴的好制度，是我们党领导人民在人类政治制度史上的伟大创造，是我国政治发展史乃至世界政治发展史上具有重大意义的全新政治制度。

跳出历史周期率，必须通过自我革命建设好社会主义协商民主。

---

① 习近平：《以史为鉴、开创未来，埋头苦干、勇毅前行》，《人民日报》2022 年 1 月 2 日。

② 习近平：《在党的十八届六中全会第二次全体会议上的讲话（节选）》，《求是》2017 年第 1 期。

③ 习近平：《坚持和完善人民代表大会制度　不断发展全过程人民民主》，《人民日报》2021 年 10 月 15 日。

2012 年 12 月，习近平总书记走访 8 个民主党派中央和全国工商联，并同各个领导人分别座谈。习近平称毛泽东和黄炎培在延安窑洞关于历史周期率的一段对话，至今对中国共产党都是很好的鞭策和警示。人民政协是中国共产党把马克思列宁主义统一战线理论、政党理论、民主政治理论同中国实际相结合的伟大成果，是中国共产党领导各民主党派、无党派人士、人民团体和各族各界人士在政治制度上进行的伟大创造。在中国特色社会主义制度下，有事好商量、众人的事情由众人商量，找到全社会意愿和要求的最大公约数，是人民民主的真谛。协商民主是党领导人民有效治理国家、保证人民当家作主的重要制度设计，同选举民主相互补充、相得益彰。

跳出历史周期率，必须在自我革命中坚持好人民民主的国体、坚持好中国特色社会主义制度。无论是封建王朝还是农民起义，都摆脱不了历史周期率。我们党和国家的性质宗旨同封建王朝、农民起义军有着本质区别，只要性质不变、颜色不变，就能跳出历史周期率。2018 年 1 月 5 日，习近平总书记在新进中央委员会的委员、候补委员和省部级主要领导干部学习贯彻习近平新时代中国特色社会主义思想和党的十九大精神研讨班上发表重要讲话，指出："我经常讲到历史周期率问题，这的确是我国历史上封建王朝摆脱不了的宿命。秦始皇统一天下后，穷奢极欲、挥霍无度，搜刮民财、征用民力，陈胜、吴广揭竿而起，四方响应，函谷关被攻破，项羽放了一把火，富丽堂皇的阿房宫变成一片焦土。"[1]"汉朝经历'文景之治'、汉武帝称雄后由盛转衰，最终陷入烽火四起、三国纷争。"[2] 回顾封建王朝的兴衰更

---

[1] 习近平：《推进党的建设新的伟大工程要一以贯之》，《求是》2019 年第 19 期。
[2] 习近平：《推进党的建设新的伟大工程要一以贯之》，《求是》2019 年第 19 期。

替史，不难看出，有些封建王朝开始时顺乎潮流、民心归附，统治者尚能励精图治、关心疾苦，遂致功业大成、天下太平，但随着时间的推移，都未能摆脱盛极而衰的历史悲剧。中国历史上的农民起义失败的教训也发人深省。明末李自成揭竿而起、严明军纪、剿兵安民，起义军席卷神州、所向披靡、攻占北京。然而，好景不长，起义军进城后骄傲自满，短短几个月就土崩瓦解了。太平军自金田起义后，短短两年多时间就从广西一隅，跨两湖、过三江、下江南，定都天京。可是，一些太平军主将进城后就开始攀比奢华、醉生梦死，乃至相互倾轧、众叛亲离，到后期革命斗志尽失，一败涂地。

跳出历史周期率，必须坚持全面从严治党。2021 年 1 月，习近平总书记在十九届中央纪委五次全会上发表重要讲话强调，把严的主基调长期坚持下去，以系统施治、标本兼治的理念正风肃纪反腐，不断增强党自我净化、自我完善、自我革新、自我提高能力，跳出治乱兴衰的历史周期率，引领和保障中国特色社会主义巍巍巨轮行稳致远。第一，如果不能全面从严治党，就会像苏共一样土崩瓦解。2018 年 1 月 5 日，习近平总书记在新进中央委员会的委员、候补委员和省部级主要领导干部学习贯彻习近平新时代中国特色社会主义思想和党的十九大精神研讨班上发表重要讲话，指出："我们党执政正反两方面的经验，世界上一些社会主义国家和政党演变的教训，都揭示了一个道理：马克思主义政党夺取政权不容易，巩固政权更不容易；只要马克思主义执政党不出问题，社会主义国家就出不了大问题，我们就能够跳出'其兴也勃焉，其亡也忽焉'的历史周期率。"① 第二，应该说，

---

① 习近平：《推进党的建设新的伟大工程要一以贯之》，《求是》2019 年第 19 期。

当前滋生在党的肌体上的病症和毒瘤还是比较多的：从上到下，特权思想、特权现象比较严重的，违规占有多套住房的，违规占用公家车辆的，以各种形式侵占公共利益的，违规侵害群众利益的，明里暗里为亲属升官发财奔走的，以权枉法的，这样的干部不乏其人。"有的党组织和领导干部在处理一些应该由中央和上级组织统一决定的重要问题时，事前不请示、事后不报告，搞先斩后奏、边斩边奏，甚至斩而不奏；有的变着法儿把一件完整的需要汇报的大事情分解成一件一件可以不汇报的小事项，让组织程序空转；有的领导班子既有民主不够、个人说了算问题，也有集中不够问题，班子里各自为政，把分管领域当成'私人领地'，互不买账，互不服气，内耗严重；有的只对领导个人负责而不对组织负责，把上下级关系搞成人身依附关系。"①在庆祝中华人民共和国成立 65 周年招待会上，习近平总书记指出："我们要坚持党要管党、从严治党，增强党自我净化、自我完善、自我革新、自我提高能力，永不动摇信仰，永不脱离群众。凡是影响党的创造力、凝聚力、战斗力的问题都要全力克服，凡是损害党的先进性和纯洁性的病症都要彻底医治，凡是滋生在党的健康肌体上的毒瘤都要坚决祛除，使中国共产党始终同人民心连心、同呼吸、共命运。"②

我们党的百年历史，就是一部践行党的初心使命的历史，就是一部党与人民心连心、同呼吸、共命运的历史。大革命失败后，30 多万牺牲的革命者中大部分是跟随我们党闹革命的人民群众，正所谓"唤起工农千百万，同心干"。土地革命战争时期，人民群众就是党和人

---

① 中共中央文献研究室编：《十八大以来重要文献选编》（上），中央文献出版社 2014 年版，第 765 页。

② 习近平：《在庆祝中华人民共和国成立 65 周年招待会上的讲话》，《人民日报》2014 年 10 月 1 日。

民军队的铜墙铁壁，这是世界上最坚硬的铜墙铁壁，任何力量都击不破。抗日战争时期，我们党广泛发动群众，使日本侵略者陷入了人民战争的汪洋大海，敌后的抗日游击战争依靠的就是最广大的人民群众。淮海战役的胜利是靠老百姓用小车推出来的，那时候，人民群众从河南、山东、河北把各种物资推运到前线，使前线的将士后勤得到了充分保障。渡江战役的胜利是靠老百姓用小船划出来的，千里长江，万帆齐发，老百姓要船给船、要粮给粮、要人给人，舍命护送解放军渡江。社会主义革命和建设的成就是人民群众干出来的，"喜看稻菽千重浪，遍地英雄下夕烟""天连五岭银锄落，地动山河铁臂摇"。改革开放的历史伟剧是亿万人民群众主演的，这场伟剧感天动地。新时代是人民群众演出威武雄壮活剧的时代，14 亿人民凝聚出来的力量是无可阻挡的。

明代理学家薛瑄认为清廉自守有三种境界：见理明而不妄取者，上也；尚名节而不苟取者，其次也；畏法律、保禄位而不敢取者，为下也。这是封建时代的思想家的理想。我们共产党人的"上"要远远高于薛瑄的理想，我们共产党人为的是大公、守的是大义、求的是大我。优秀地委书记杨善洲就是这样的楷模，他一辈子为民造福，一辈子克己奉公。20 世纪七八十年代，农村许多人家建起了土木结构的瓦房，但他家仍是茅草房。面对老屋漏雨，他跟家里人说："我没有钱，你们要暂时克服困难，漏雨就买几个盆接一下。"1992 年，他在大亮山林场盖起了第一间砖瓦房，却让给了新来的技术员住，自己仍住在油毛毡棚里。有一次他下村住在一户农家，这家人觉得伙食差，对不起他，偷偷退回两角饭钱，他硬是赶了一百里夜路还了回去。在一些人眼里，他就是个不讲究吃穿住行的"傻子"。他却说，"有人说我是自讨苦吃，其实你们不知道我有多快乐"，"如果说共产党人有职业病，这个病就是自讨苦吃"。① 自讨苦吃的病是共产党人独有的病，是忘我为人民服务的病。

---

① 习近平：《努力成为可堪大用能担重任的栋梁之才》，《求是》2022 年第 3 期。

第二章

党推进伟大自我革命的宝贵经验与理论建构

　　一百年来，特别是党的十八大以来，我们党在推进自我革命方面积累了十分丰富的经验，同时不断构建起自我革命的理论。习近平总书记指出："一百年来，党外靠发展人民民主、接受人民监督，内靠全面从严治党、推进自我革命，勇于坚持真理、修正错误，勇于刀刃向内、刮骨疗毒，保证了党长盛不衰、不断发展壮大。"

第一节　宝贵经验：推进党的自我革命
要坚持"四个统一"

2019 年 6 月 24 日，十九届中央政治局就"牢记初心使命，推进自我革命"举行了第十五次集体学习。这是中国共产党历史上第一次就自我革命进行集体学习，具有十分重要的意义。在主持集体学习时，习近平总书记强调："牢记初心和使命，推进党的自我革命，要坚持加强党的集中统一领导和解决党内问题相统一，要坚持守正和创新相统一，要坚持严管和厚爱相统一，要坚持组织推动和个人主动相统一。"① 这"四个统一"是对我们党在那么弱小的情况下通过百年的奋斗逐步发展壮大起来、在腥风血雨中能够一次次绝境重生、在攻坚克难中能够不断从胜利走向胜利的奥秘的深刻揭示，是对我们党成长规律的深刻揭示。推进党的自我革命，必须落实好这"四个统一"。

一、坚持加强党的集中统一领导和解决党内问题相统一

首先，进行自我革命是一项自觉的革命，是有目的、有方向的革命，不是自发进行的。因此，必须加强党的集中统一领导。自我革命是在党集中统一领导下进行的，离开了党的集中统一领导，不可能有

---

① 习近平：《全党必须始终不忘初心牢记使命　在新时代把党的自我革命推向深入》，《人民日报》2019年 6 月 26 日。

真正意义上的自我革命，甚至可能把党自身革没了，革得四分五裂。一个集中统一的政党，才能使自我革命不仅沿着正确的方向前进，而且使每一次自我革命成为强筋壮骨、补钙醒脑的根本保证；一个集中统一的政党，才能使自我革命始终走在正确的轨道上，不会走上歧途迷路。党的集中统一领导使党有无比强大的自我革命的力量，能够以雷霆万钧之力荡涤党内存在的污泥浊水。没有党的集中统一领导，就难以有清除自身病灶的决心和能力，各种问题就会滋生蔓延，最终危及党的领导地位。任何时候、任何条件下，推进党的自我革命，都必须坚守党的集中统一领导，任何自我革命都是为了加强这一领导而不是削弱这一领导。有的观点认为，自我革命就是要弱化党的领导。这种观点不仅是错误的，而且是十分有害的。

其次，有了党的集中统一领导，就要不断去解决党内存在的种种问题。既要解决影响党长期执政的根本性问题，也要解决影响党的执政形象的突出问题；既要解决影响党发展活力的现实问题，又要解决影响党的建设质量的历史问题。在党的集中统一领导下，广大党员、干部特别是领导干部要敢于同一切弱化党的领导、动摇党的执政基础、违反党的政治纪律和政治规矩的行为作斗争。要严格政治纪律，党员要做到"九个不准"："不准散布违背党的理论和路线方针政策的言论，不准公开发表违背党中央决定的言论，不准泄露党和国家秘密，不准参与非法组织和非法活动，不准制造、传播政治谣言及丑化党和国家形象的言论。党员不准搞封建迷信，不准信仰宗教，不准参与邪教，不准纵容和支持宗教极端势力、民族分裂势力、暴力恐怖势力及其活动。"① 这"九个不准"不仅是对党员的基本要求，也是推进自我革命顺利进行的前提条件。这"九个不准"的问题针对性很强：因为有的人时不时地会用各种方式散布一些违背党的理论和路线方针政策的言论，什么反腐败斗争"过火了"，可以歇一歇了；有的人则公开发表违背党中央决定的言论，什么"宪政就是不能在宪法中写上坚持共产党领导"；有的人有意泄露党和国家机密，使党和人民利益受损；有的人参与一些非法组织和活动，甚至参与地下传教活动；有的人有意制造、传播政治谣言，根据道听途说的东西放大政治谣言；有的人大搞封建迷信，干什么事情都要算卦求仙；有的党员信教痴迷，把宗教力量看得高于一切；有的人偷偷参与邪教活动，并且帮着扩大势力；有的人纵容和支持"三股势力"及其活动。这些问题都必须予以认真解决。

这两者的关系是十分辩证的，有了党的集中统一领导，才能真正有力地解决党内存在的种种问题；不断解决党内存在的各种问题，才能使党的集中统一领导更加坚实。

二、坚持守正和创新相统一

首先，自我革命是在坚守党的性质宗旨、理想信念、初心使命的基础上进行的。能够自我革命，是因为我们坚信马克思主义，在人类思想史上，没有其他哪一种学说能像马克思主义那样对世界产生了如此巨大的影响。随着马克思主义创始人离开我们的时间越来越久远，

---

① 中共中央党史和文献研究院编：《十八大以来重要文献选编》（下），中央文献出版社 2018 年版，第426 页。

随着马克思主义的不断发展，捍卫马克思主义真理性的任务也越来越繁重。守正任务最主要的一点就体现在坚守马克思主义基本原理的正确性上。随着一些学科的发展，有的学者否定马克思的社会演进的"五形态理论"，认为中国社会就不是按照五形态发展的；有的认为马克思主义哲学的本质是实践唯物主义，从而有意无意地解构了辩证唯物主义和历史唯物主义；有的否定马克思的剩余价值理论，认为是马克思的主观臆造；有的否定马克思的无产阶级理论，认为当代资本主义国家已经没有多少无产阶级了；有的用"两个决不会"否定"两个必然"；有的否定马克思的劳动价值论，认为创造价值的不仅有劳动，还有资本、知识、管理等。在坚守马克思主义基本原理上，习近平总书记旗帜鲜明。他指出："马克思给我们留下的最有价值、最具影响力的精神财富，就是以他名字命名的科学理论——马克思主义。这一理论犹如壮丽的日出，照亮了人类探索历史规律和寻求自身解放的道路。……今天，马克思主义极大推进了人类文明进程，至今依然是具有重大国际影响的思想体系和话语体系，马克思至今依然被公认为'千年第一思想家'。"① 习近平总书记高度重视马克思主义哲学的学习，十八届中央政治局两次集体学习马克思主义哲学，分别学习了历史唯物主义和辩证唯物主义。习近平总书记对于"两个决不会"思想进行过多次阐述，2013 年 12 月 3 日，他在主持十八届中央政治局第十一次集体学习时特别谈到过"两个决不会"，指出："这里还要说到马克思提出的'两个决不会'，马克思说：'无论哪一个社会形态，在它所能容纳的全部生产力发挥出来以前，是决不会灭亡的；而

---

① 习近平：《在纪念马克思诞辰 200 周年大会上的讲话》，《人民日报》2018 年 5 月 5 日。

新的更高的生产关系，在它的物质存在条件在旧社会的胎胞里成熟以前，是决不会出现的。'马克思的这一重要论点，可以帮助我们理解为什么资本主义至今没有完全消亡，为什么社会主义还会出现苏联解体、东欧剧变那样的曲折，为什么马克思主义预见的共产主义还需要经过很长的历史发展才能实现。学懂了这一认识和研究社会历史发展的科学世界观和方法论，我们就能坚定理想的主心骨、筑牢信念的压舱石，保持强大的战略定力。"① 这就阐明了"两个决不会"的极端重要性。有了马克思主义基本原理的指导，我们才能在自我革命的道路上行稳致远。依靠马克思主义，我们拥有了进行自我革命的科学理论指导，不会误入歧途。

其次，坚守共产主义的远大理想。能够自我革命，是因为我们有远大的共产主义理想。习近平总书记指出："中国共产党之所以叫共产党，就是因为从成立之日起我们党就把共产主义确立为远大理想。我们党之所以能够经受一次次挫折而又一次次奋起，归根到底是因为我们党有远大理想和崇高追求。"② 依靠共产主义远大理想，我们拥有了进行自我革命的光明灯塔，不会被浮云遮望眼，更不会被乱花迷了眼。共产主义是人类历史上最美好的理想，而且是最现实的理想，共产主义运动推动着这一宏伟理想的实现。我们奋斗的每一个脚印都留在了为共产主义奋斗的历史征程上。"马克思主义奠定了共产党人坚定理想信念的理论基础。我们要全面掌握辩证唯物主义和历史唯物主义的世界观和方法论，深刻认识实现共产主义是由一个一个阶段性目标逐步达成的历史过程，把共产主义远大理想同中国特色社会主义共

---

① 习近平：《坚持历史唯物主义不断开辟当代中国马克思主义发展新境界》，《求是》2020 年第 2 期。
② 习近平：《在庆祝中国共产党成立 95 周年大会上的讲话》，《求是》2021 年第 8 期。

同理想统一起来、同我们正在做的事情统一起来，坚定中国特色社会主义道路自信、理论自信、制度自信、文化自信，坚守共产党人的理想信念，像马克思那样，为共产主义奋斗终身。"① 因为有远大理想，我们才能够不计较眼前的小利小益，更不会容忍那些会影响党的纯洁性和先进性的因素的存在。能够自我革命，是因为我们有为人民谋幸福、为民族谋复兴的初心使命。守初心就是要牢记全心全意为人民服务的根本宗旨，担使命就是要牢记我们党肩负的实现中华民族伟大复兴的历史使命。依靠初心使命，我们拥有了自我革命的"绝世武功"。

再次，坚守不是固守，更不是拒绝发展创新。没有创新，故步自封，守正不仅会越守越艰难，而且会越守越没有信心。创新是守正的根本之道，只有勇于创新，才能更加敢于守正。我们在坚守中更加深刻领悟了马克思主义的基本原理和科学社会主义基本原则的真谛，把握了马克思主义的精髓，防止了把马克思主义庸俗化、教条化、标签化，特别是知道了哪些是马克思主义的基本原理，哪些是马克思主义的具体结论，哪些是马克思主义创始人都强调已经过时的东西，从而清除了附加在马克思主义之上的错误观念、论断，使我们在自我革命中确立和找到了新的理念、思路、办法、手段，为解决好党内存在的各种矛盾和问题提供了有效路径。我们用马克思主义的方法论解决了反腐败的系统性治理问题，不是"头疼医头、脚疼医脚"，而是从思想、组织、作风、纪律和制度等多方面一起发力，既解决不敢腐的问题又解决不能腐的问题，既解决不想腐的问题又解决不去腐的问题。依靠党的理论创新，我们清醒地认识到，在长期执政条件下，各种弱

① 习近平：《在纪念马克思诞辰 200 周年大会上的讲话》，《人民日报》2018 年 5 月 5 日。

化党的先进性、损害党的纯洁性的因素无时不有，各种违背初心和使命、动摇党的根基的危险无处不在，"四大考验""四种危险"依然复杂严峻，如果不严加防范、及时整治，久而久之，必将积重难返，小问题就会变成大问题、小管涌就会沦为大塌方。新时代"四大考验""四种危险"有很多新的表现形式，要运用创新理论去认识和把握。为谁执政的考验、资本野蛮生长的考验、引领时代的考验、个人资产不断增长的考验以及缺乏信仰、能力低下、制度隔断群众、期权腐败等危险，需要用党的创新理论去认识、去解决。依靠党的理论创新，我们提出，自我革命要坚持自我净化、自我完善、自我革新、自我提高，不断纯洁党的队伍，保证党的肌体健康。依靠党的理论创新，形成了关于党的自我革命的丰富思想成果，如坚定理想信念、加强党性修养、从严管党治党、严肃党内政治生活、坚持经常性教育和集中性教育相结合等。这一切必将成为我们夺取伟大自我革命胜利的法宝。

三、坚持严管和厚爱相统一

自我革命的一个基本前提就是党的全面从严治理。习近平总书记指出："党和人民事业发展到什么阶段，全面从严治党就要跟进到什么阶段，坚持严字当头，把严的要求贯穿管党治党全过程，以自我革命的政治勇气着力解决党内存在的突出问题，做到管党有方、治党有力、建党有效。"① 抓思想从严，坚持用习近平新时代中国特色社会主

---

① 中共中央文献研究室编：《习近平关于全面从严治党论述摘编》，中央文献出版社 2016 年版，第 13 页。

义思想武装全党，引导党员干部坚定中国特色社会主义道路自信、理论自信、制度自信、文化自信；抓管党从严，增强全党的政治意识、大局意识、核心意识、看齐意识，增强各级党组织管党治党的意识和能力；抓执纪从严，严明党的政治纪律和政治规矩，推动全党牢记"五个必须"、防止"七个有之"；抓作风从严，以上率下，推动党风政风持续好转；抓反腐从严，"老虎""苍蝇""蚊子"一起拍打，反腐败斗争取得压倒性胜利；抓机制从严，不断完善监督管理机制，捆住了一些人乱作为的手脚，乾坤朗朗、民心悦悦。

自我革命还要不断放开广大党员、干部担当作为、干事创业的手脚，把广大党员、干部的积极性、主动性、创造性充分激发出来，形成建功新时代、争创新业绩的浓厚氛围和生动局面。任何伟大自我革命都是在全党生动活泼的局面中进行的，如果是万马齐暗的局面，就不可能把伟大自我革命进行到底。这就是为什么我们党一再强调："努力在全党形成又有集中又有民主、又有纪律又有自由、又有统一意志又有个人心情舒畅生动活泼的政治局面。"① 这种局面的形成离不开激励机制的完善。党的十八大以来，我们党十分强调对干部的厚爱和激励。2019 年 5 月，中共中央办公厅印发《干部选拔任用工作监督检查和责任追究办法》。这一《办法》实施的目的就是贯彻新时代党的组织路线，落实新时期好干部标准，树立正确导向，突出政治监督，从严查处违规用人问题和选人用人中的不正之风，严肃追究失职失察责任，促进形成风清气正的用人生态，使能干事、会干事、真正为群众办好事的干部得到激励重用。

---

① 《关于新形势下党内政治生活的若干准则》，人民出版社 2016 年版，第 4 页。

四、 坚持组织推动和个人主动相统一

自我革命是有组织的自上而下的革命，不是随性的、无组织、无纪律的恣意妄为。在进行自我革命的过程中，对于党员干部，各级党组织必须严格要求、严格教育、严格管理、严格监督。严格要求，最重要的就是要求党员向党中央看齐，向党的理论和路线方针政策看齐，向党的代表大会精神和全会精神看齐，向党中央改革发展稳定、内政外交国防、治党治国治军各项决策部署看齐。严格教育，就是教育引导广大党员干部坚定对马克思主义的信仰、对中国特色社会主义的信念，要加深对习近平新时代中国特色社会主义思想的理解，领会这一思想的时代意义、理论意义、实践意义、世界意义。严格管理，就是坚持以严的标准要求干部、以严的措施管理干部、以严的纪律约束干部，把日常管理和关键时刻管理贯通起来，把上级管理、班子管理、自身管理结合起来，把行为管理和思想管理、工作圈管理和社交圈管理统一起来，做到干部随管理成长、管理伴干部一生，使干部心有所畏、言有所戒、行有所止。严格监督，要把干部的权力使用严格置于党组织和人民群众的监督之下，既要发挥好巡视制度这一"达摩克利斯悬剑"的作用，又要发挥好人民群众火眼金睛的作用，更要发挥好"不能胜寸心，安能胜苍穹"的心灵监督的作用。

自我革命本质上是广大党员干部自我教育、自我修养的革命。自我革命就要靠广大党员、干部自觉行动，主动检视自我，打扫身上的政治灰尘，不断增强政治免疫力。在全党开展集中性学习教育，是我们党推进自我革命的重要途径，也是一条重要经验。2013 年开展的群

众路线教育实践活动的总要求是"照镜子、正衣冠、洗洗澡、治治病"。洗洗澡，主要是以整风的精神开展批评和自我批评，深入分析发生问题的原因，清洗思想和行为上的灰尘，保持共产党人政治本色。这一次"洗澡"已经洗去了不少党内的政治灰尘。之后，我们开展"三严三实"专题教育、"两学一做"学习教育，推进"两学一做"学习教育常态化制度化，倡导"三严三实"。2019 年 6 月开展的"不忘初心、牢记使命"主题教育五项具体目标之一——"清正廉洁作表率"，重点是教育引导广大党员干部保持为民务实清廉的政治本色，自觉同特权思想和特权现象作斗争，坚决预防和反对腐败，清清白白为官、干干净净做事、老老实实做人。习近平总书记指出："马克思主义政党的先进性和纯洁性不是随着时间推移而自然保持下去的，共产党员的党性不是随着党龄增长和职务提升而自然提高的。初心不会自然保质保鲜，稍不注意就可能蒙尘褪色，久不滋养就会干涸枯萎，很容易走着走着就忘记了为什么要出发、要到哪里去，很容易走散了、走丢了。我们查处的那些腐败分子，之所以跌入违纪违法的陷阱，从根本上讲就是把初心和使命抛到九霄云外去了。不忘初心、牢记使命不是一阵子的事，而是一辈子的事，每个党员都要在思想政治上不断进行检视、剖析、反思，不断去杂质、除病毒、防污染。"①这段论述富有哲理，极有针对性。2021 年，我们在全党开展党史学习教育。习近平总书记指出："在全党开展党史学习教育，是推进党的自我革命、永葆党的生机活力的必然要求。勇于自我革命，是我们党最鲜明的品格，也是我们党最大的优势。百年风霜雪雨、百年大浪淘

---

①《习近平谈治国理政》第 3 卷，外文出版社 2020 年版，第 538－539 页。

沙，我们党能够从最初的 50 多名党员发展到今天的 9100 多万名党员，战胜一个又一个困难，取得一个又一个胜利，关键在于我们始终坚持党要管党、全面从严治党不放松，在推动社会革命的同时进行彻底的自我革命。"①

牢记初心和使命，推进党的自我革命，要自觉坚持"四个统一"。这"四个统一"是一个整体的要求，既强调了自我革命的前提条件、方式方法，又强调了组织保障、个人能动作用等，使自我革命有了现实的路径。我们正处在一个比历史上任何时期都更接近、更有信心和能力实现中华民族伟大复兴的时刻，正处在船到中流浪更急、人到半山路更陡的时刻，也处在容易在一片喝彩声、赞扬声中丧失革命斗志的时刻，必须坚持"四个统一"，切实破除安于现状、不思进取、贪图享乐的状态，以大无畏的革命精神将自我革命进行到底。

第二节　中国共产党推进自我革命的理论建构

我们党之所以能够带领人民在百年历史进程中不断从胜利走向胜利，从弱小走向强大，一个重要原因就是能够不忘初心、牢记使命，始终在自我革命中推进伟大社会革命。自我革命不但是每日每时进行的实践活动，而且是越来越丰富的理论创造。正是我们党有了自我革命的科学理论，才始终生机勃勃地走在正确的道路上。2019 年 6 月

---

① 习近平：《在党史学习教育动员大会上的讲话》，《求是》2021 年第 7 期。

24 日，十九届中共中央政治局就"牢记初心使命，推进自我革命"举行了第十五次集体学习。习近平总书记在主持学习时指出："我们党继承和发展马克思主义建党学说，形成了关于党的自我革命的丰富思想成果，如坚定理想信念，加强党性修养，从严管党治党，严肃党内政治生活，坚持经常性教育和集中性教育相结合，勇于开展批评和自我批评，加强党内监督，接受人民监督，不断纯洁党的思想、纯洁党的组织、纯洁党的作风、纯洁党的肌体，等等。"① 在党的历史上，这是第一次系统总结和概括党的自我革命理论，具有十分重要的意义。这一理论包括的内容十分丰富，既有自我革命的思想基础，也有组织基础和作风基础。

一、 进行自我革命必须坚定理想信念

坚定理想信念，是进行自我革命的思想基础。自我革命就是要有正视问题的自觉和刀刃向内的勇气，这一勇气来自我们党崇高的革命理想。没有崇高的理想，没有坚定的信念和信仰，自我革命是不可能深入推进的。

我们共产党人的远大理想就是实现共产主义，"代替那存在着阶级和阶级对立的资产阶级旧社会的，将是这样一个联合体，在那里，每个人的自由发展是一切人的自由发展的条件"②。共产主义理想是人类历史上最为宏大的理想，它要以生产力的极大丰富和发展实现按需分配，使每一个人都能够充分自由又彻底全面地发展。这一理想既超

① 《习近平谈治国理政》第 3 卷，外文出版社 2020 年版，第 532 页。
② 《马克思恩格斯选集》第 1 卷，人民出版社 1995 年版，第 294 页。

越了各种各样宗教的天国、天堂,又超越了各种空想主义者的理想国、千年王国或者乌托邦、太阳城、法郎吉。这一理想超越了人类思想史上任何思想家所能想象出来的未来景象,是宏大、卓越的。共产主义理想又是人类历史上最为现实的理想,它根植于资本主义基本矛盾之中,是资本主义基本矛盾运动发展的必然结果;它根植于工人阶级伟大的解放运动之中,工人阶级在党的领导下不断向着这一理想前进。毛泽东在《新民主主义论》中指出,共产主义"是自有人类历史以来,最完全最进步最革命最合理的"思想体系和制度体系,现在,它正以排山倒海之势、雷霆万钧之力,磅礴于世界,而葆其青春之美妙,"中国自有科学的共产主义以来,人们的眼界是提高了,中国革命也改变了面目"①。有了这一远大理想,眼界高了,能够不畏浮云遮望眼了,也能够不被乱花迷了眼,更能够练就认清历史发展真面目的千里眼。有了这一远大理想,就会有一身正气,不会受到各种病毒的侵袭。

为这样一个理想社会去奋斗,是我们每一个共产党人的幸福,也是每一名共产党人应尽的义务。我们的人生价值就在于用有限的生命为共产主义这一无限伟大的事业做出自己的贡献,共产党人的人生价值的高低就表现为"为这一理想做出贡献的大小",贡献越大生命的价值就越高,贡献越小生命的价值就越低,没有贡献生命的价值就是零。习近平总书记指出:"中国共产党之所以叫共产党,就是因为从成立之日起我们党就把共产主义确立为远大理想。我们党之所以能够经受一次次挫折而又一次次奋起,归根到底是因为我们党有远大理想

---

① 《毛泽东选集》第2卷,人民出版社1991年版,第686页。

和崇高追求。"① 远大理想和崇高追求使我们能够无私无畏地面对各种艰险和挑战，甚至是牺牲自己的生命也在所不惜，使我们能够时刻面对自身的问题，用锋利的手术刀割掉身上存在的病症。

2013 年 9 月，习近平总书记在参加河北省委常委班子专题民主生活会时指出："有人说，现在不要讲'大公无私'了，因为干部的合理合法利益也要承认，应该是'大公有私'。这是一个谬论！干部合理合法的利益当然要承认，也要保障，但这同私心、私利、私欲不是同一个概念，不能混为一谈。作为党的干部，就是要全心全意为人民服务，就是要诚心诚意为党和人民事业奋斗，就是要讲大公无私、公私分明、先公后私、公而忘私。如果连这一点都不讲了，我们党还是中国工人阶级先锋队吗？还是中国人民和中华民族先锋队吗？"② 共产党人必须时时刻刻牢记大公无私、公私分明、先公后私、公而忘私的要求，自觉地保持纯洁性和先进性，这样才能始终成为全国人民的主心骨，始终走在时代前列。有了无私奉献的精神，我们党员干部就会自觉抵制商品交换原则对党内政治生活的渗透，就会自觉防止利益集团的"围猎"。

二、 进行自我革命必须加强党性修养

加强党性修养，是进行自我革命的重要途径。党性修养就是对党员干部进行正确的世界观、人生观、价值观教育，通过这一教育，使

---

① 《习近平谈治国理政》第 2 卷，外文出版社 2017 年版，第 34 页。
② 中共中央文献研究室编：《习近平关于全面从严治党论述摘编》，中央文献出版社 2016 年版，第 155 页。

党员干部自觉树立全心全意为人民服务的宗旨观、自觉践行社会主义核心价值观，增强斗争本领和斗争精神。

自我革命的过程就是党性修养的过程。没有党性修养的党，是不可能有战斗力的党。中国共产党的强大生命力正是来源于对党性修养的强调和建设。中国共产党从成立之日起，就面临实现共产主义和中华民族伟大复兴的双重历史使命和责任。这一历史使命是每一个共产党员都要肩负的，没有党性修养，这一使命就难以担负，因为党性是党员干部立身、立业、立言、立德的基石，只有这一基石稳固了，事业才能顺利推进。靠不断加强以党性为主要内容的修养，我们党不但变得组织强大，而且变得思想强大，自我革命的意志因此才会更加坚定。

新时代的自我革命尤其要求加强党性修养。首先，要弘扬共产党人历来强调党性修养的好传统。早在抗日战争时期，刘少奇同志就发表了《论共产党员的修养》这一马克思主义发展史上的重要著作，回答了共产党员为什么要进行修养、进行什么样的修养、如何进行修养等问题，有力地促进了党的建设的发展。在《论共产党员的修养》中，刘少奇同志严厉批评把个人利益摆在党和人民利益之上的种种自私自利的思想。刘少奇同志提出的党性修养理论极大地提升了党的建设的水平。刘少奇同志是这样说的，也是这样做的。"他在白区工作时，经常经手几万元的党的活动经费，但他分文不动，每天只买些萝卜烩点馍维持生活。他经常轻装简从，深入群众、深入基层，倾听群众呼声，心系群众安危。他同掏粪工人时传祥结下的友情，成为党同人民群众血肉联系的生动缩影。家乡的一些亲戚看到他当了国家主席，跑到北京找他办事，刘少奇同志严肃告诉他们：'不错，我是国家主席，硬着头皮给你们办这些事，也不是办不成。可是不行啊！我是国家主席不假，但我是共产党员，不能随便行使自己的职权。'他回家乡农村调查时，有时睡在养猪场饲养员用过的铺了稻草的木板床上，有时睡在县委会议室的一张长方形的会议桌上，有时睡在大队部用两条长凳架着的门板上。"① 在新时代，我们进行党性修养、推进自我革命，就要自觉地把人民利益、党的利益放在首位。习近平总书记指出："党的十八大以来，我一再强调，'没有理想信念，理想信念不坚定，精神上就会"缺钙"，就会得"软骨病"'，'要炼就"金刚不坏之身"，必须用科学理论武装头脑，不断培植我们的精神家园'。我之所以不断强调坚定理想信念，是因为这是事关马克思主义政党、社会主义国家的精神力量和前途命运的根本问题。"②

其次，要弘扬中华优秀传统文化，把其中关于个人修养的思想转化为共产党人的修养。这一点，也是习近平总书记十分强调的。2014年3月7日，习近平总书记在参加全国人大贵州代表团审议时指出，王守仁（王阳明）曾在贵州参学悟道，贵州在弘扬传统文化方面有独特优势，肯定"王阳明真正做到了知行合一"。2015年12月，习近平总书记在全国党校工作会议上的讲话中强调："'种树者必培其根，种德者必养其心。'党性教育是共产党人修身养性的必修课，也是共产党人的'心学'。"③ 共产党人的"心学"是以共产主义信仰为基础的，以为人民服务为旨归的。习近平总书记在十八届中央纪委六次全会上的讲话中强调："全面从严治党，既要注重规范惩戒、严明纪律

① 习近平：《在纪念刘少奇同志诞辰120周年座谈会上的讲话》，人民出版社2018年版，第16页。
② 习近平：《推进党的建设新的伟大工程要一以贯之》，《求是》2019年第19期。
③ 习近平：《在全国党校工作会议上的讲话》，人民出版社2016年版，第17页。

底线，更要引导人向善向上，发挥理想信念和道德情操引领作用。'身之主宰便是心'；'不能胜寸心，安能胜苍穹'。'本'在人心，内心净化、志向高远便力量无穷。对共产党人来讲，动摇了信仰，背离了党性，丢掉了宗旨，就可能在'围猎'中被人捕获。"①当然，这里习近平总书记讲的"心学"已经是共产党人的修养之学，不是封建社会统治者和士大夫们的心学。

三、 进行自我革命必须从严管党治党和严肃党内政治生活

从严管党治党、严肃党内政治生活，是进行自我革命的根本保障。一个政党只有坚持严字当头，把严的要求贯穿于管党治党全过程，才能有自我革命的勇气、力量和能力以革除党内存在的问题。一个政党只有把党内政治生活严肃起来，才能有自我革命的品格和气质。

从严管党治党，使我们党自我革命的勇气和能力大大提升。通过全面从严治党，全党真正增强了"四个意识"，坚定了"四个自信"，做到了"两个维护"，捍卫了"两个确立"。党中央提倡的坚决响应和落实，党中央决定的坚决执行和贯彻，党中央禁止的坚决杜绝和清除。通过全面从严治党，党的战斗力大大提高。我们逐步解决了组织观念淡薄、组织涣散的问题。习近平总书记指出："有的个人主义、自由主义严重，目无组织纪律，跟组织讨价还价，不服从组织安排；有的党组织和领导干部在处理一些应该由中央和上级组织统一决定的

---

① 中共中央文献研究室编：《习近平关于全面从严治党论述摘编》，中央文献出版社 2016 年版，第 68 页。

重要问题时，事前不请示，事后不报告，搞先斩后奏、边斩边奏，甚至斩而不奏。"① 这些问题的解决，使党的凝聚力和组织力得到进一步加强，在解决自身问题上能够及时达成共识，并且形成步调一致的行动，最大限度地解决了问题。

严肃党内政治生活，使我们党自我革命的氛围变得健康。有一段时间，党内政治生活的生态受到一定程度的损害，一些党组织没有凝聚力，党员想来就来、想走就走，党组织变成"大车店""大卖场""私人俱乐部"；一些人把党内同志关系异化为人身依附关系，搞小山头、小圈子、小团伙、小码头那一套，搞门客、门宦、门附、门人那一套，出现了"独立王国"现象、"私人领地"做派、"诸侯割据"之风；一些人把革命完全抛到脑后了，自我革命的意识淡漠了，谈革命、谈自我革命讳莫如深，不仅要"告别革命"，而且要"从革命党转型为执政党"等。可以说，在一个时期内，党内缺乏进行自我革命的政治氛围。党的十八大以来，我们党一直在加强党内政治生活建设，提出："严肃党内政治生活、净化党内政治生态是伟大斗争、伟大工程的题中应有之义，是我们党坚持党的性质和宗旨的重要法宝，是我们党实现自我净化、自我完善、自我革新、自我提高的重要途径。"② 通过净化政治生态，我们立规明矩，把各项纪律规矩立起来、严起来，使各项纪律规矩真正成为"带电的高压线""一触即被电击的高压线"，防止了"破窗效应"。通过净化政治生态，让那些阳奉阴违、阿谀逢迎、弄虚作假、不干实事、会跑会要的干部基本上没了市场、受到了惩戒，倡导了清清爽爽的同志关系和规规矩矩的上下级关系，能干事、会干事、干净干事

---

① 中共中央文献研究室编：《十八大以来重要文献选编》（上），中央文献出版社2014年版，第765页。
② 中共中央文献研究室编：《习近平关于全面从严治党论述摘编》，中央文献出版社2016年版，第99页。

的干部越来越多，全党自我革命的勇气倍增。

四、 进行自我革命必须坚持经常性教育和集中性教育相结合

坚持经常性教育和集中性教育相结合，是进行自我革命的有效方式。把两种教育结合起来，既能够通过日常的教育潜移默化地促进党员干部思想觉悟的提高，又能够通过集中的教育啃下一些日常教育中难以解决的难题。两种教育方式相互作用，既有润物细无声之用，又有醍醐灌顶之效。

坚持经常性教育，扎扎实实对党员干部进行政治思想的教育，这是我们党推进自我革命的基础性工作。我们党历来重视党员思想政治教育的日常化。毛泽东同志曾经指出："只要我们的思想工作和政治工作稍微一放松，经济工作和技术工作就一定会走到邪路上去。"[1] 习近平总书记一直强调抓党员干部日常教育的重要性，通过日常教育，能够坚定理想信念、坚守精神家园。日常教育就是要形成燕子垒窝的恒劲、蚂蚁啃骨的韧劲、老牛爬坡的拼劲、啄木鸟啄木的硬劲。为了使日常教育制度化、规范化，2019 年 5 月，中共中央印发了《中国共产党党员教育管理工作条例》（以下简称《条例》），并发出通知，要求各地区各部门认真遵照执行。通知指出，党员教育管理是党的建设基础性经常性工作。《条例》要求党支部应当运用"三会一课"制度，对党员进行经常性的教育管理；党支部应当每月开展一次主题党日，贴近党员思想和工作实际，组织党员集中学习、过组织生活、进

---

① 中共中央文献研究室编：《毛泽东思想年编：1921—1975》，中央文献出版社 2011 年版，第 850 页。

行民主议事和开展志愿服务等；基层党组织应当注重分析党员思想状况和心理状态，党组织负责人应当经常同党员谈心谈话，有针对性地做好思想政治工作。经常性教育的意义在于：以润物细无声的方式渗透于党员干部心田中，以细水长流的方式滋润着党员干部的心扉。

坚持集中性教育，从深层次上解决党员干部思想上的问题，这是我们党推进自我革命的重要经验。集中性教育一个重要的目的是通过形成风暴式的政治氛围，使党员干部产生一种自觉意识，从而用非常规性的手段解决一些重大的难点焦点问题。这种方式在我们党的历史上被证明是行之有效的。无论是延安时期的整风运动还是新中国成立后1950年的整党，无论是改革开放之初的整党活动还是面向新世纪的"三讲"教育活动，无论是保持共产党员先进性教育活动还是深入学习实践科学发展观活动，都很好地促进了党的事业的发展。党的十八大以来，我们进行了一系列集中性教育活动。开展了党的群众路线教育实践活动，使广大党员干部经历一次严格的党内政治生活锻炼，思想受到洗礼，灵魂受到触动。形式主义、官僚主义、享乐主义和奢靡之风得到有力整治，群众反映强烈的突出问题得到有效解决。这次活动对"四风"问题进行大排查、大检修、大扫除，刹住了"四风"蔓延势头。从上到下、各个领域都压缩了会议、精简了文件，减少了评比达标、迎来送往活动，全面清理了超标超配公车、超标办公用房、多占住房，普遍压缩了"三公"经费、停建了楼堂馆所，狠刹了公款送月饼、贺卡、节礼和年货等行为，坚决整治了"会所中的歪风"、培训中心的腐败，坚决整治了"裸官""走读""吃空饷""收红包"及购物卡、参加天价培训、党政领导干部在企业兼职等问题，广泛查处了吃拿卡要、庸懒散拖问题，高高在上、挥霍浪费、脱离群众现象明显扭转，党风、政风和社会风气为之一新。推进"两学一做"学习教育常态化制度化，用有效的制度机制推动了领导干部以身作则、当好表率，带头旗帜鲜明讲政治、带头强化党性修养、带头严格自律，切实做到忠诚干净担当。倡导"三严三实"，强调当个人感情同党性原则、私人关系同人民利益相抵触时，必须毫不犹豫站稳党性立场，坚定不移维护人民利益。2019 年开展了"不忘初心、牢记使命"主题教育，这次主题教育理论学习上的重点就是教育引导广大党员干部在原有学习的基础上取得新进步，思想政治上的重点是坚定对马克思主义的信仰、对中国特色社会主义的信念。这些相互衔接的教育活动使党员干部的自我革命意识和本领都增强了。2021 年，在全党开展党史学习教育。各级党组织认真贯彻党中央部署，按照学史明理、学史增信、学史崇德、学史力行的要求，精心组织实施、有力有序推进，整个党史学习教育求实、务实、扎实，广大党员、干部受到了一次全面深刻的政治教育、思想淬炼、精神洗礼，全党历史自觉、历史自信大大增强，党的创造力、凝聚力、战斗力大大提升，达到了学党史、悟思想、办实事、开新局的目的。

五、 进行自我革命必须勇于开展批评和自我批评

　　勇于开展批评和自我批评，是进行自我革命的作风条件。我们党有一个很好的传统，就是始终能够进行批评和自我批评。1923 年 6 月，我们党的第三次全国代表大会的文件中就出现了"批评"的概念；1928 年 7 月，我们党发布的《中央通告第七号》鲜明地提出"自我批评"的要求。在延安时期，毛泽东同志把"批评和自我批

评"确立为党的三大作风之一。进入新时代，习近平总书记明确指出："批评和自我批评是清除党内政治灰尘和政治微生物的有力武器，必须以整风精神严格党内生活，着力提高领导班子发现和解决自身问题的能力。"① 这种能力恰恰是推进自我革命所必须具备的能力。

勇于开展批评，这是我们党的工人阶级性质决定的。这种批评是站在马克思主义立场上的批评，是坚持真理和捍卫真理的批评，既不是为了批评而批评，也不是无的放矢的批评，而是为了促进无产阶级事业的批评。这种批评是同志式的批评，是团结同志的批评，不是为了挟私报复的批评，更不是置人于死地的批评。1943 年 4 月，中共中央北方局代理书记、八路军副总指挥彭德怀，在一次关于民主教育的谈话中说，为了建立和巩固抗日民族统一战线，国内各阶级、各党派在政治上应尽量做到"己所不欲，勿施于人"。毛泽东看到这篇谈话后，认为这一提法不妥。他在给彭德怀的信中说："又如在政治上提出'己所不欲，勿施于人'的口号是不适当的，现在的任务是用战争及其他政治手段打倒敌人，现在的社会基础是商品经济，这二者都是所谓己所不欲，要施于人。只有在阶级消灭后，才能实现己所不欲，勿施于人的原则，消灭战争、政治压迫与经济剥削。"② 这就是共产党人的政治情怀，是坦诚的思想交流。邓小平同志早就指出："批评的方法要讲究，分寸要适当，不要搞围攻、搞运动。"③ 共产党人的批评是坚持实事求是的，讲党性不讲私情，讲真理不讲面子。2013 年 9 月 23 日至 25 日，习近平总书记在指导河北省委常委班子专题民主生活

---

① 中共中央文献研究室编：《习近平关于全面从严治党论述摘编》，中央文献出版社 2016 年版，第 27 页。

② 《毛泽东文集》第 3 卷，人民出版社 1996 年版，第 26—27 页。

③ 《邓小平文选》第 2 卷，人民出版社 1994 年版，第 390 页。

会时发表重要讲话，强调："作为共产党人，有话要放到桌面上来讲。批评要出以公心、态度诚恳、讲究方法，要实事求是、分清是非、辨别真假，切忌从个人恩怨、得失、利害、亲疏出发看事待人。"①

勇于进行自我批评，更是共产党人崇高品格的体现。正是在这种自我批评中，我们党的事业才不断走向胜利。在这一方面，一代一代共产党人给我们做出了表率。1943年3月18日，是周恩来农历45周岁的生日，南方局的同志置办了一点瓜子水果，准备搞一个简单的祝寿活动。周恩来不仅婉言谢绝了同志们的好意，还向大家讲述了自己的家庭和参加革命以来的经历，做了深刻的自我剖析，并写下《我的修养要则》："一、加紧学习，抓住中心，宁精勿杂，宁专勿多。二、努力工作，要有计划，有重点，有条理。三、习作合一，要注意时间、空间和条件，使之配合适当，要注意检讨和整理，要有发现和创造。四、要与自己的他人的一切不正确的思想意识作原则上坚决的斗争。五、适当的发扬自己的长处，具体的纠正自己的短处。六、永远不与群众隔离，向群众学习，并帮助他们。过集体生活，注意调研，遵守纪律。七、健全自己身体，保持合理的规律生活，这是自我修养的物质基础。"② 从这里可以看出，共产党人的自我批评是发自内心的，是着眼于广大人民群众根本利益的，是真正能够做到大公无私的。这种自我批评既不是个人作秀，也不是无病呻吟。这种基于心底无私天地宽的自我批评不但不会贬损共产党人的形象，而且会极大地提高共产党人在人民心目中的地位，使自我革命得到人民的支持和

---

① 《党的群众路线教育实践活动读本》编写组：《党的群众路线教育实践活动读本》（修订本），人民出版社2014年版，第62页。

② 《周恩来选集》（上卷），人民出版社1980年版，第125页。

拥护。

六、 进行自我革命必须加强党内监督和接受人民监督

加强党内监督和接受人民监督，是进行自我革命的强大动力。中国共产党历来都强调监督的重要作用，把党内监督和人民监督有机结合在一起，既强调自我监督的作用，又强调发挥好人民监督的作用。自我监督是一个世界性的难题，犹如数学上的"哥德巴赫猜想"。纵观世界政党发展的历史，真正像中国共产党这样能够始终如一正视自身问题，能够通过自我监督形成一整套自我约束的制度规范体系，能够严肃惩处党内腐败变质分子，确保党的革命性特质的，可以说少之又少。2016 年 10 月 27 日，党的十八届六中全会通过了《中国共产党党内监督条例》。《条例》明确指出："党内监督没有禁区、没有例外。"① 也就说，没有任何党员可以处在党的监督之外。条例规定了党内监督的重点对象是党的领导机关和领导干部特别是主要领导干部，强调必须加强对党组织主要负责人和关键岗位领导干部的监督。党内监督的一个重要方式就是巡视，它发挥着全面从严治党的利剑作用。我们党的自我监督体系是完整有效的，是推进自我革命的强大保证。

人民监督是党能够长期执政的深厚基础。自我革命绝不能关起门来搞，而是要多听听人民群众的意见特别是批评的意见，自觉接受人民群众的监督。黄炎培先生在 1947 年 7 月初到延安考察，在与毛泽东的对话中提出历史周期率问题，希望中国共产党找出一条新路，跳

---

① 中共中央党史和文献研究院编：《十八大以来重要文献选编》（下），中央文献出版社 2018 年版，第 440 页。

出历史周期率的支配。毛泽东胸有成竹地回答："我们已经找到新路，我们能跳出这周期率，这条新路，就是民主。只有让人民来监督政府，政府才不敢松懈；只有人人起来负责，才不会人亡政息。"① 人民监督是我们党永葆生命力的重要力量。习近平总书记多次提及当年毛泽东和黄炎培在延安窑洞关于历史周期率的这段对话，并强调这番对话至今对中国共产党都是很好的鞭策和警示。人民监督是人民作为国家主人的权力，是人民群众发挥创造性的要求。党领导人民创造历史伟业，前提就是要自觉地接受人民监督。这种监督是全面的，是实质性的。时代是出卷人，党是答卷人，人民是阅卷人。要让人民给我们一个优异的成绩，就必须推进自我革命，把"赶考"的事情办好，把答卷答好。

七、 进行自我革命必须保持共产党人先进性和纯洁性

保持共产党人先进性和纯洁性，是进行自我革命的根本前提。2019 年 5 月 31 日，在"不忘初心、牢记使命"主题教育工作会议上的讲话中，习近平总书记明确指出："开展这次主题教育，就是要认真贯彻新时代党的建设总要求，奔着问题去，以刮骨疗伤的勇气、坚忍不拔的韧劲坚决予以整治，同一切影响党的先进性、弱化党的纯洁性的问题作坚决斗争，努力把我们党建设得更加坚强有力。"② 那么，如何进行坚决斗争？如何保持新时代共产党人先进性和纯洁性？

---

① 中共中央文献研究室编：《十六大以来重要文献选编》（上），中央文献出版社 2005 年版，第 144 页。
② 习近平：《在"不忘初心、牢记使命"主题教育工作会议上的讲话》，人民出版社 2019 年版，第 3—4 页。

推进自我革命，就要加强民主集中制建设。民主集中制是我们党的根本组织原则和领导制度，是保持党的先进性和纯洁性的强大制度保障。什么时候坚持了民主集中制，而且坚持得好，我们党的先进性和纯洁性就会大大加强；反之，就会削弱党的先进性和纯洁性。民主与集中是辩证统一的关系，不是对立的关系。充分民主的过程就是有效集中的过程，而正确集中的过程也是充分发扬民主的过程。那种认为实行民主就会削弱集中的观点，那种认为实行集中就是不用发扬民主的观点，都是不正确的。要把二者真正有机统一在一起，就要做到两点：首先，要提高领导干部的民主素养。领导干部要把民主素养作为一种领导能力来培养，作为一门领导艺术来掌握。民主素养的高低直接显示出领导干部的能力、水平。民主素养意味着领导干部要有平等待人、与人为善的真诚态度，要反对特权思想，更要反对盛气凌人，要把自己摆在与其他人平等的地位；民主素养意味着要有虚怀若谷、海纳百川的宽阔胸襟，能够听取各方面的意见，包括不同意见，力争把各方面的真实意见掌握全、掌握准，进行反复研究、反复比较，择善而从。其次，要善于正确集中，把不同意见统一起来，把各种分散意见中的真知灼见提炼概括出来，把符合事物发展规律、符合广大人民群众根本利益的正确意见集中起来，做出科学决策。

推进自我革命，就要不断纯洁党的思想、纯洁党的组织、纯洁党的作风、纯洁党的肌体。纯洁党的思想就要教育引导广大党员干部坚定马克思主义的信仰，自觉地运用马克思主义的立场、观点和方法来解决问题，对于违背马克思主义的言行敢于斗争、敢于批驳。纯洁党的组织，就要加强党的组织建设，加强中国共产党各级组织建设，包括党组工作建设、工作机关建设、支部工作建设、农村基层组织工作建设、党和国家机关基层组织工作建设、普通高等学校基层组织工作建设等，充分发挥每一个组织的坚强堡垒作用。纯洁党的作风，就要弘扬理论联系实际、密切联系群众、批评与自我批评等三大作风，要同那些人民群众痛恶的作风诸如工作马虎和飘忽、特权行为和独断专行、形式主义和官僚主义、推诿扯皮和上推下卸等进行坚决斗争。纯洁党的肌体，就要建设廉洁政治，保持清正廉洁的政治本色，着力构建不敢腐、不能腐、不想腐的体制机制，清除一切侵蚀党的健康肌体的病毒，使党永远健康强大。

我们党的性质决定了我们是一个永远在自我革命中前行的党。我们党之所以有自我革命的勇气，是因为我们党除了国家、民族、人民的利益，没有任何自己的特殊利益。世界上的绝大部分政党都有自己的党派私利，是无法做到自我革命的。我们要始终保持这种先进性和纯洁性，才能真正在自我革命中铸就千秋伟业。中国共产党在伟大自我革命中已经走过了百年历程。百年风雨沧桑，恰是风华正茂，"有三岁之翁，有百岁之童"，共产党人到中流击水的风华正是来源于自我革命。

第三章

新时代自我革命的现实指向性

　　《中共中央关于党的百年奋斗重大成就和历史经验的决议》指出："自我革命精神是党永葆青春活力的强大支撑。先进的马克思主义政党不是天生的，而是在不断自我革命中淬炼而成的。党历经百年沧桑更加充满活力，其奥秘就在于始终坚持真理、修正错误。"中国共产党已经淬炼了100多年，进入新时代更加需要进行淬炼。这种淬炼是有指向性的。新时代自我革命指向什么？既指向"四大考验""四种危险"，也指向可能出现的利益集团、权势团体、特权阶层。

在中国共产党成立 90 周年大会上的讲话中，胡锦涛同志代表党中央指出了党所面临的"四大考验"，即执政考验、改革开放考验、市场经济考验、外部环境考验，以及所面临的"四种危险"，即精神懈怠、能力不足、脱离群众、消极腐败。党的十八大进一步指出，这"四大考验"是长期的、复杂的，这"四种危险"更加严峻地摆在我们的面前。

党的十八大以来，以习近平同志为核心的党中央更加强调"四大考验""四种危险"的长期性、复杂性、严峻性。习近平总书记在很多重要讲话中数十次地论及这一问题。2013 年 6 月，习近平总书记在党的群众路线教育实践活动工作会议上指出："我们必须看到，面对世情、国情、党情的深刻变化，精神懈怠危险、能力不足危险、脱离群众危险、消极腐败危险更加尖锐地摆在全党面前，党内脱离群众的现象大量存在，一些问题还相当严重，集中表现在形式主义、官僚主义、享乐主义和奢靡之风这'四风'上。"[1] 2013 年 9 月，在参加河北省委常委会班子专题民主生活会时，习近平总书记指出："我们一直强调，新形势下，党面临的执政考验、改革开放考验、市场经济考验、外部环境考验是长期的、复杂的、严峻的，精神懈怠危险、能力不足危险、脱离群众危险、消极腐败危险更加尖锐地摆在全党面前。"[2] 在 2016 年 7 月 1 日庆祝中国共产党成立 95 周年大会上的讲话中，习近平总书记指出："全党要以自我革命的政治勇气，着力解决党自身存在的突出问题，不断增强党自我净化、自我完善、自我革

---

① 《习近平谈治国理政》第 1 卷，外文出版社 2018 年版，第 368 页。

② 中共中央文献研究室、中央党的群众路线教育实践活动领导小组办公室编：《习近平关于党的群众路线教育实践活动论述摘编》，党建读物出版社、中央文献出版社 2014 年版，第 6 页。

新、自我提高能力，经受'四大考验'、克服'四种危险'，确保党始终成为中国特色社会主义事业的坚强领导核心。"① 2016 年 10 月，习近平总书记在党的十八届六中全会上指出："新的历史条件下，国际国内形势发生了很大变化，党面临的'四大考验'、'四种危险'是长期的、复杂的、严峻的。"② 从党的十八大到十九大，习近平总书记反复强调"四大考验""四种危险"的长期性、复杂性、严峻性，强调解决这两大问题的紧迫性、现实性。2017 年 2 月，在省部级主要领导干部学习贯彻党的十八届六中全会精神研讨班上的讲话中，习近平总书记指出："现在，世情国情党情深刻变化，我们党面临的挑战和风险更加复杂，面临的'四大考验''四种危险'更加严峻。"③

党的十九大以来，习近平总书记同样强调这一问题。2017 年 10 月，在党的十九大报告中，习近平总书记指出，要深刻认识党面临的执政考验、改革开放考验、市场经济考验、外部环境考验的长期性和复杂性。党的十九大以来，他反复强调这一问题。2018 年 1 月，习近平总书记在学习贯彻党的十九大精神研讨班开班式上的讲话中指出："影响党的先进性、弱化党的纯洁性的各种因素具有很强的危险性和破坏性，党面临的执政考验、改革开放考验、市场经济考验、外部环境考验将是长期的、复杂的，党面临的精神懈怠危险、能力不足危

---

① 中共中央党史和文献研究院编：《十八大以来重要文献选编》（下），中央文献出版社 2018 年版，第 355 页。

② 中共中央党史和文献研究院编：《十八大以来重要文献选编》（下），中央文献出版社 2018 年版，第 409 页。

③ 中共中央党史和文献研究院编：《十八大以来重要文献选编》（下），中央文献出版社 2018 年版，第 591 页。

险、脱离群众危险、消极腐败危险将是尖锐的、严峻的。"① 2019 年 6 月 24 日，在十九届中央政治局第十五次集体学习时，习近平总书记再次强调："要清醒认识到，党内存在的政治不纯、思想不纯、组织不纯、作风不纯等突出问题尚未得到根本解决，一些已经解决的问题还可能反弹，新问题不断出现，'四大考验'、'四种危险'依然复杂严峻，党的自我革命任重而道远，决不能有停一停、歇一歇的想法。"② 2021 年 11 月 11 日，习近平总书记在党的十九届六中全会第二次全体会议上的讲话中进一步指出："要勇敢面对'四大考验'，坚决战胜'四种危险'，继续推进新时代党的建设新的伟大工程，毫不动摇把党建设得更加坚强有力。"③ 这就再次告诫全党，不解决"四大考验""四种危险"问题，中国共产党就无法成为中国特色社会主义事业的坚强领导核心。

第一节　自我革命指向"四大考验"

中国共产党立足于千秋伟业，立足于人类发展进步事业，是长期执政的马克思主义政党，必须勇敢面对"四大考验"。党的十八大以来，我们继承和发展马克思主义建党学说，总结运用党的百年奋斗历史经验，深入推进管党治党实践创新、理论创新、制度创新，对建设

---

① 中共中央党史和文献研究院、中央"不忘初心、牢记使命"主题教育领导小组办公室编：《习近平关于"不忘初心、牢记使命"论述摘编》，党建读物出版社、中央文献出版社 2019 年版，第 171 页。

② 《习近平谈治国理政》第 3 卷，外文出版社 2020 年版，第 532 页。

③ 习近平：《以史为鉴、开创未来　埋头苦干、勇毅前行》，《求是》2022 年第 1 期。

什么样的长期执政的马克思主义政党、怎样建设长期执政的马克思主义政党的规律性认识达到新的高度，积累了丰富的解决"四大考验"的经验，对"四大考验"的应对更加自信。

一、 执政考验就是要通过自我净化解决 "四个不容易"

执政考验的严峻性最重要的就体现为"四个不容易"。2018 年 1 月 5 日，习近平总书记在学习贯彻党的十九大精神研讨班开班式上，从历史维度提出"四个不容易"，他说："功成名就时做到居安思危、保持创业初期那种励精图治的精神状态不容易，执掌政权后做到节俭内敛、敬终如始不容易，承平时期严以治吏、防腐戒奢不容易，重大变革关头顺乎潮流、顺应民心不容易。"① 这个问题，郭沫若先生曾经提出过。1944 年 3 月 19 日，郭沫若的《甲申三百年祭》在重庆《新华日报》上发表，连载 4 天。这是郭沫若为纪念李自成领导农民起义 300 周年而撰写的，他第一次以马克思列宁主义的科学态度对李自成领导农民起义的原因、经验教训作了总结，其教训之一就是执政集团严重地背离了群众的利益，腐化堕落。

功成名就时做到居安思危、保持创业初期那种励精图治的精神状态，的的确确是一道难题。农民起义的历史就很能够说明问题。明末李自成揭竿而起、严明军纪、剿兵安民，起义军席卷神州、所向披靡、攻占北京。然而，好景不长，起义军进城后骄傲自满、沉迷享乐、军纪松弛。清兵入关后，起义军仓促应战，人心涣散，一击则

---

① 习近平：《推进党的建设新的伟大工程要一以贯之》，《求是》2019 年第 19 期。

溃，短短几个月就土崩瓦解。太平军自金田起义后，短短两年多时间就从广西一隅，跨两湖、过三江、下江南，定都天京。可是，一些太平军主将进城后就开始攀比奢华、醉生梦死，乃至相互倾轧、众叛亲离，到后期革命斗志尽失，一败涂地。忠王李秀成驻守苏州，忠王府之豪华令人叹为观止，直到苏州城被破前夕还在施工，连李鸿章看了都惊叹"真如神仙窟"、"平生所未见之境也"。

面对这"四个不容易"，只有不断进行自我革命，才能始终保持创业初期励精图治、执掌政权后节俭内敛、承平时期严以治吏、重大变革关头顺乎潮流的精神状态。

首先，通过思想净化来化解"四个不容易"。要不断增强马克思主义信仰，使马克思主义成为每一名党员的内在精神力量，自觉地学习和运用马克思主义的立场、观点和方法。马克思主义是科学的信仰，是真正造福人民的理论。马克思主义解决了信仰的人民性与个体性的关系，第一次站在人民的立场探求人类自由解放的道路，以科学的理论为最终建立一个没有压迫、没有剥削、人人平等、人人自由的理想社会指明了方向。马克思主义解决了信仰的朴素性与自觉性的统一，实现了信仰的情感性和科学性的统一。从马克思主义的观点分析，信仰是人的一种精神追求和精神状态，其实质是超越个体生命的有限性、追求生命的"不朽"和永恒。这种追求是虚幻还是真实，不取决于其本身，而取决于其所追求的"不朽"的内容。马克思主义把"不朽"的根据归结为历史进步和人类文明发展的无限性，归结为不断对自身进行完善的革命性，因而，投身于人类解放事业，投身于始终超越自我的为人民服务的事业中，个人就能获得有限生命的不朽价值。正是这种科学信仰使我们无数的共产党人能够抛头颅洒热血，能够为了大多数人的利益牺牲自己的个人利益。信仰的科学坚定使我们的思想更加纯洁，思想的纯洁性决定了我们能够始终做到励精图治、节俭内敛、严以治吏、顺乎潮流。2013 年 6 月，习近平总书记在党的群众路线教育实践活动工作会议上强调："教育实践活动要着眼于自我净化、自我完善、自我革新、自我提高，以'照镜子、正衣冠、洗洗澡、治治病'为总要求。照镜子，主要是以党章为镜，对照党的纪律、群众期盼、先进典型，对照改进作风要求，在宗旨意识、工作作风、廉洁自律上摆问题、找差距、明方向。正衣冠，主要是按照为民务实清廉的要求，勇于正视缺点和不足，严明党的纪律特别是政治纪律，敢于触及思想、正视矛盾和问题，从自己做起，从现在改起，端正行为，自觉把党性修养正一正、把党员义务理一理、把党纪国法紧一紧，保持共产党人良好形象。洗洗澡，主要是以整风的精神开展批评和自我批评，深入分析发生问题的原因，清洗思想和行为上的灰尘，保持共产党人政治本色。治治病，主要是坚持惩前毖后、治病救人方针，区别情况、对症下药，对作风方面存在问题的党员、干部进行教育提醒，对问题严重的进行查处，对不正之风和突出问题进行专项治理。"① 总书记的这段要求让人想起了阿列克谢·尼古拉耶维奇·托尔斯泰。阿·托尔斯泰（1882 年 12 月 29 日—1945 年 2 月 23 日）是一位跨越了沙俄和苏联两个历史时期的俄罗斯作家。阿·托尔斯泰热情地迎接了 1917 年的二月革命，但对接着发生的十月社会主义革命却不理解；出于困惑和恐惧，他于 1918 年秋离开祖国，流亡巴黎，1921 年又移居柏林。流亡期间对祖国的怀念使他写出了自传体中篇小

---

①《党的群众路线教育实践活动工作会议召开　习近平发表重要讲话》，《人民日报》2013 年 6 月 19 日。

说《尼基塔的童年》（1920—1922），《苦难的历程》三部曲的《两姊妹》（1922）、《一九一八年》（1927—1928）、《阴暗的早晨》（1940—1941）。在《苦难的历程》第二部《一九一八年》题记中，阿·托尔斯泰写下了那段令人印象深刻的话："在清水里泡三次，在血水里浴三次，在碱水里煮三次，我们就会纯净得不能再纯净了。"

其次，通过组织净化来化解"四个不容易"。组织净化包括两个方面：一个方面是增强党组织政治功能和组织力凝聚力，锻造敢于善于斗争、勇于自我革命的干部队伍。特别是要坚决纠正党员队伍中存在的自由主义、本位主义、保护主义，不因一时一地利益而打小算盘、耍小聪明，确保执行不偏向、不变通、不走样。另一个方面是对党员队伍不断进行清理，对不合格的党员要及时作出处理，净化党员队伍。早在1919年，列宁就指出："徒有其名的党员，就是白给，我们也不要。世界上只有我们这样的执政党，即革命工人阶级的党，才不追求党员数量的增加，而注意党员质量和清洗'混进党里来的人'。"[1] 1951年2月，毛泽东在为中央政治局扩大会议起草的决议要点中，号召要通过"普遍进行关于怎样做一个共产党员的教育，使所有党员明白做一个共产党员的标准"[2]。时隔一个多月，中国共产党第一次全国组织工作会议召开，刘少奇作了《为更高的共产党员的条件而斗争》的报告，提出共产党员标准的八项条件。为了保持党的纯洁性，继续提高党员质量，党中央采用批评—教育—清退的途径进行整党。1951年至1953年，有23.8万名"各种坏分子和蜕化变质分子"被清除出党，9万多人因不够党员标准自愿或被劝告退党。党的十八

①《列宁全集》第37卷，人民出版社2017年版，第217页。
②《毛泽东文集》第6卷，人民出版社1999年版，第146页。

大以来，我们对于党员的处理越来越严格。2020 年 1 月，在中国共产党第十九届中央纪律检查委员会第四次全体会议上的工作报告中，中央政治局常委、中央纪委书记赵乐际指出："全国纪检监察机关共立案审查违反政治纪律案件 1.8 万件，处分 2 万人，其中中管干部 23 人，用铁的纪律维护党的团结统一；全国共立案查处涉黑涉恶腐败和'保护伞'问题 3.8 万件，给予党纪政务处分 3.2 万人，涉嫌犯罪移送检察机关 4900 余人；全国共查处民生领域侵害群众利益问题 10.4 万起，处理 13.2 万人；共查处违反中央八项规定精神问题 6.1 万起，处理党员、干部 8.6 万人，给予党纪政务处分 6.6 万人。全国纪检监察机关运用'四种形态'批评教育帮助和处理 184.9 万人次。用好用足第一种形态，约谈函询、批评教育 124.6 万人次，占总人次的 67.4%，其中中管干部 457 人次；运用第二种形态，给予轻处分、组织调整 46.3 万人次，占 25%，其中中管干部 16 人；运用第三种形态，给予重处分、重大职务调整 7.2 万人次，占 3.9%，其中中管干部 9 人；运用第四种形态，处理严重违纪违法涉嫌职务犯罪以及给予因其他犯罪被判刑人员开除党籍、开除公职共计 6.8 万人次，占 3.7%，其中中管干部 20 人。"① 2021 年仍然保持着这一水平。赵乐际指出："全国纪检监察机关运用'四种形态'批评教育帮助和处理 195.4 万人次。其中，运用第一种形态谈话函询、提醒批评 133 万人次，占总人次的 68.1%；运用第二种形态给予轻处分、组织调整 48.5 万人次，占 24.8%；运用第三种形态给予重处分、职务调整 7.1 万人次，占 3.6%；运用第四种形态处理严重违纪违法、触犯刑律的 6.8

---

① 赵乐际：《坚持和完善党和国家监督体系　为全面建成小康社会提供坚强保障——在中国共产党第十九届中央纪律检查委员会第四次全体会议上的工作报告》，《人民日报》2020 年 2 月 25 日。

万人次，占 3.5 %，其中涉嫌职务犯罪、移送检察机关的 1.7 万人次，因其他犯罪被开除党籍、开除公职的 5.1 万人次。"① 2022 年 6 月 30 日，中共中央宣传部就坚持党的全面领导和全面从严治党有关情况举行发布会。发布会介绍，党的十八大以来，截至 2022 年 4 月底，全国纪检监察机关运用"四种形态"批评教育帮助和处理 1134.4 万人次。其中，运用第一种形态批评教育帮助 695.1 万人次，占 61.3 %；运用第二种形态处理 334.1 万人次，占 29.4 %；运用第三种形态处理 56.5 万人次，占 5 %；运用第四种形态处理 48.7 万人次，占 4.3 %。

二、 新时代自我革命要通过自我完善来化解改革开放考验

改革开放考验的复杂性体现为三个内在矛盾。改革开放带来的三个内在矛盾是：党员的事业要求与职员的职业要求的矛盾；人民勤务员无私奉献与公务员收入待遇提高的矛盾；市场经济的利己与核心价值观的利他矛盾。面对这三个矛盾，只有不断进行自我革命，才能使这些矛盾变成一致的要求。

首先，以制度自我完善来化解三个内在矛盾。1926 年 3 月，毛泽东同志撰写了一篇题为《纪念巴黎公社的重要意义》的文章，他指出："今天是中国民众纪念巴黎公社的第一次。巴黎公社事件的发生，距今已五十五年了，为什么到今日我们才知道纪念，才举行纪念呢？因为中国从前的革命，是少数人包办的，及到革命潮流渐渐增涨，革命运动才跟着由少数人扩张到多数人，到现在已有多数的农工民众参

---

① 赵乐际：《推动新时代纪检监察工作高质量发展　以优异成绩庆祝中国共产党成立 100 周年——在中国共产党第十九届中央纪律检查委员会第五次全体会议上的工作报告》，《人民日报》2021 年 3 月 16 日。

加，并且有左派的国民党党员作指导，有工农阶级专政的国家苏维埃俄罗斯作模范，所以中国民众才知道有今日的纪念，才能有今日的纪念。"① 毛泽东也是中国共产党人中撰写纪念巴黎公社文章的第一人。毛泽东还特别指出："我们要革命，便要从此学得革命的方法。这是纪念巴黎公社应注意的第四点。"② 这种革命既包括伟大的社会革命，也包括伟大的自我革命。早在巴黎公社失败之后，马克思提出的巴黎公社原则就坚持：把行政、司法和国民教育方面的一切职位交给由普选选出的人担任，而且规定选举者可以随时撤换被选举者；对所有公职人员，不论职位高低，都付给跟其他工人同样的工资，也就是说，公务人员的工资不能高于工人的平均工资。

也恰恰是在这一年，1926 年 10 月 14 日，意大利共产党领袖葛兰西为意大利共产党政治局起草了致联共（布）中央的一封信。葛兰西在这封信中精辟地分析了新生工人国家面临的困难和危险，特别是无产阶级政党执政后面临的突出矛盾，指出在历史上从未见过一个统治阶级整体上生活条件低于被统治阶级和从属阶级的某些分子和阶层。历史把这种前所未闻的矛盾留给了无产阶级；无产阶级专政的巨大危险恰恰在于这种矛盾。这里面就涉及一个根本问题，那就是如何处理好巴黎公社原则与市场经济规则的要求。这个问题的实质就是确保共产党的干部当官不发财。尽管在发展社会主义市场经济条件下，还不可能做到公务人员的工资不能高于工人的平均工资，但"当官就不要发财"应该成为共产党人的基本准则，这就需要自我革命精神，需要建构制度。这一点，2015 年 1 月，习近平总书记在中央党校与县委书

① 《毛泽东文集》第 1 卷，人民出版社 1993 年版，第 33 页。
② 《毛泽东文集》第 1 卷，人民出版社 1993 年版，第 35—36 页。

记座谈时指出："当官发财两条道，当官就不要发财，发财就不要当官。"① 他又说："选择从政就不要在从政中发财，选择发财就去合法发财。"②《秋灯丛话》里有一则故事：有齐女待嫁，东邻富而丑，西邻俊而穷，两人均来求婚。问她中意哪个，齐女害羞，不好意思开口。其父亲说，不言语也行，若想嫁西邻，就袒露左臂，若想嫁东邻，就袒露右臂。齐女两臂皆袒，其父惑而不解。齐女说：我想食在东邻，宿在西邻。如果把"当官"比作嫁西邻，"发财"就犹如跟东邻，二者本不可兼得，可偏偏有些官员却想好事成双，要做现代齐女，既想"嫁西邻"又想"跟东邻"。③

其次，以精神自我完善即自我革命精神的弘扬来化解三个内在矛盾。什么是自我革命精神？我们要深入挖掘自我革命精神的内在要求。习近平总书记这样阐述自我革命精神所包括的三个方面的内涵，他指出："回顾党的历史，我们党总是在推动社会革命的同时，勇于推动自我革命，始终坚持真理、修正错误，敢于正视问题、克服缺点，勇于刮骨疗毒、去腐生肌。正因为我们党始终坚持这样做，才能够在危难之际绝处逢生、失误之后拨乱反正，成为永远打不倒、压不垮的马克思主义政党。"④ 第一，坚持真理，修正错误。对马克思主义真理有着无比坚定的信念，一旦认定从不动摇；为了党的利益和人民的利益，敢于对自己的错误进行果断修正。第二，敢于正视问题，克服缺点。始终能够检视自身存在的问题，既不夸大问题，也不掩盖问

---

① 中共中央党史和文献研究院、中央"不忘初心、牢记使命"主题教育领导小组办公室：《习近平关于"不忘初心、牢记使命"论述摘编》，党建读物出版社、中央文献出版社2019年版，第151页。

②《习近平总书记与中央党校县委书记研修班学员座谈速写》，《人民日报》2015年1月13日。

③ 李辉卫：《当官就不要发财发财就不要当官》，《学习时报》，2017年5月10日。

④ 习近平：《在"不忘初心、牢记使命"主题教育总结大会上的讲话》，《人民日报》2020年1月9日。

题。党的十九届六中全会通过的《决议》就充分体现了这一点。比如，在坚持党的全面领导上，谈到以前党内也存在不少对坚持党的领导认识模糊、行动乏力的问题，存在不少落实党的领导弱化、虚化、淡化、边缘化的问题，特别是对党中央重大决策部署执行不力，有的搞上有政策、下有对策，甚至口是心非、擅自行事；在全面从严治党上，谈到以前由于一度出现管党不力、治党不严的问题，有些党员、干部政治信仰出现严重危机，一些地方和部门选人用人风气不正，形式主义、官僚主义、享乐主义和奢靡之风盛行，特权思想和特权现象普遍存在；在经济建设上，谈到以前由于一些地方和部门存在片面追求速度规模、发展方式粗放等问题，加上国际金融危机后世界经济持续低迷影响，经济结构性体制性矛盾不断积累，发展不平衡、不协调、不可持续问题十分突出等等。这些问题，我们都敢于正视，敢于去解决。第三，敢于刮骨疗毒、去腐生肌。我们党作为百年大党，要永葆先进性和纯洁性，永葆生机活力，必须一刻不停地推进党风廉政建设和反腐败斗争。推动全面从严治党向基层延伸，严厉整治发生在群众身边的腐败问题；把扫黑除恶同反腐败结合起来，既抓涉黑组织，也抓后面的"保护伞"；坚持靶向治疗、精确惩治，聚焦党的十八大以来着力查处的重点对象，紧盯事关发展全局和国家安全的重大工程、重点领域、关键岗位；坚决查处各种风险背后的腐败问题，深化金融领域反腐败工作，加大国有企业反腐力度，加强国家资源、国有资产管理，查处地方债务风险中隐藏的腐败问题；加强对党中央惠民利民、安民富民各项政策落实情况的监督，集中纠治教育医疗、养老社保、生态环保、安全生产、食品药品安全等领域群众反映强烈的突出问题。

三、 新时代自我革命要通过自我革新来化解市场经济的考验

市场经济考验的复杂性在于两大根本关系。一个关系是政府与市场的关系，要使市场在资源配置中起决定性作用和更好发挥政府作用；一个关系是党和市场的关系，要不断提高党驾驭社会主义市场经济的能力，从政治上防止资本无序扩张，给资本设置"红绿灯"。

首先，以制度的自我革新来化解市场经济的考验，不断加强党对市场经济工作的领导。

邓小平同志在 1992 年南方谈话中提出市场和计划都是手段："计划多一点还是市场多一点，不是社会主义与资本主义的本质区别。计划经济不等于社会主义，资本主义也有计划；市场经济不等于资本主义，社会主义也有市场。计划和市场都是经济手段。"[1] 在当时，这一论断无疑是一声春雷，震响了中华大地，使中国经济在让市场从发挥基础性作用到发挥决定性作用的历史过程中蓬勃发展。在今天，市场经济发挥的作用越来越显著，市场从只是手段已经变成不仅仅是手段了，市场在一定意义上还是目的，还是价值旨归。习近平总书记指出："使市场在资源配置中发挥决定性作用，主要涉及经济体制改革，但必然会影响到政治、文化、社会、生态文明和党的建设等各个领域。"[2] 市场经济怎样影响党的建设？第一，从积极意义上看，发展和完善社会主义市场经济，使市场在资源配置中起决定性作用，可以减少一些人寻租的机会，从而减少腐败发生的机会。这一点，习近平总

---

[1]《邓小平文选》第 3 卷，人民出版社 1993 年版，第 373 页。

[2]《习近平谈治国理政》第 1 卷，外文出版社 2018 年版，第 95 页。

书记在 2013 年 11 月《关于〈中共中央关于全面深化改革若干重大问题的决定〉的说明》中指出："作出'使市场在资源配置中起决定性作用'的定位，有利于在全党全社会树立关于政府和市场关系的正确观念，有利于转变经济发展方式，有利于转变政府职能，有利于抑制消极腐败现象。"① 这些年来的改革，大大减少了政府部门直接管理微观经济的权力，使政府直接干预微观市场主体的机会大大减少，腐败发生的机会也在相应减少。第二，要看到市场经济的发展对党的建设也存在一些消极的影响。2014 年 10 月 8 日，在党的群众路线教育实践活动总结大会上，习近平总书记发表重要讲话，指出："不可否认的是，在发展社会主义市场经济条件下，商品交换原则必然会渗透到党内生活中来，这是不以人的意志为转移的。社会上各种各样的诱惑缠绕着党员、干部，'温水煮青蛙'现象就会产生，一些人不知不觉就被人家请君入瓮了。"② 商品交换原则必然会渗透到党内生活中来的表现就是：权钱交易、权色交易、权权交易，把自己手中掌握的权力当作一种商品，而且是特殊商品，一种含金量最高的商品，进行交易，获取巨大利益。手中掌握的权力越大，含金量就越高，交易获得的收益就越多。随着市场经济的发展，尽管腐败发生的市场机会在减少，但腐败发生的金额在上升，查处一个腐败案件，20 年前可能是100 万、200 万元，现在动辄上千万、上亿元，甚至十几亿元。赖小民案件就是典型。2008 年至 2018 年，赖小民利用担任中国银行业监督管理委员会办公厅主任，中国华融资产管理公司党委副书记、总裁，中国华融资产管理股份有限公司党委书记、董事长兼华融湘江银行股份有

---

① 《习近平谈治国理政》第 1 卷，外文出版社 2018 年版，第 77 页。
② 习近平：《在党的群众路线教育实践活动总结大会上的讲话》，《人民日报》2014 年 10 月 9 日。

限公司党委书记等职务的便利，以及职权和地位形成的便利条件，通过其他国家工作人员职务上的行为，为有关单位和个人在获得融资、承揽工程、合作经营、调动工作以及职务提拔调整等事项上提供帮助，直接或通过特定关系人非法收受、索取相关单位和个人给予的财物，共计折合人民币 17.88 亿余元。要解决市场经济带来的消极影响，就要坚持无禁区、全覆盖、零容忍，坚持重遏制、强高压、长震慑，坚持受贿行贿一起查，坚持有案必查、有腐必惩，以猛药去疴、重典治乱的决心，以刮骨疗毒、壮士断腕的勇气，坚定不移"打虎""拍蝇""猎狐"。

其次，以体制机制的自我革新来化解市场经济的考验。

通过放管服改革，政府要更好发挥作用。这个考验就是警惕资本的无序扩张。"资本具有追逐利益最大化的动机，而垄断的结果则是形成超额垄断利润，这就容易诱致资本不断扩张，甚至无序扩张。马克思主义政治经济学认为，资本主义经济运行到一定阶段，就会出现金融垄断甚至寡头垄断问题，进而渗透到经济、政治和社会各个领域，形成具有统治地位的政治和经济力量。因此要看到，资本的本性就是追逐超额利润，如果不加以约束就会导致无序扩张，形成垄断资本，对经济、社会甚至政治生活等造成危害。"[1] 资本的本性导致其可能野蛮生长、肆意蔓延。为此，一方面要为资本扩张设置"红绿灯"，一方面要为权力设置栏杆，使资本的生长不会扩张到政治领域，渗透到权力行使的范围。从周江勇的案件中可以看出把权力关进制度的笼子里的重要性。据中央纪委国家监委网站 2022 年 1 月 26 日讯：日前，经中共中央批准，中央纪委国家监委对浙江省委原常委、杭州市委原

---

[1] 徐玮：《防止资本无序扩张 推动经济高质量发展》，《光明日报》2022 年 1 月 26 日。

书记周江勇严重违纪违法问题进行了立案审查调查。"经查，周江勇丧失理想信念，背离'两个维护'，政治意识淡漠，对党中央决策部署阳奉阴违，与资本勾连，支持资本无序扩张，搞迷信活动，处心积虑对抗组织审查；无视中央八项规定精神，工作中搞形式主义，违规配备警卫人员、公务用车，接受可能影响公正执行公务的宴请，违规收受礼品礼金；组织原则缺失，应私营企业主请托违规选拔任用干部，不按规定报告个人有关事项；违规干预插手市场经济、执法司法活动；毫无纪法底线，大搞权钱交易，利用职务便利为他人在工程承揽、土地转让、税收返还等方面谋利，伙同亲属非法收受巨额财物，搞家族式腐败。"① 解决这些问题的关键就是要依纪依法设定权力、规范权力、制约权力、监督权力，党的十九届六中全会通过的《中共中央关于党的百年奋斗重大成就和历史经验的决议》指出："党中央强调，腐败是党长期执政的最大威胁，反腐败是一场输不起也决不能输的重大政治斗争，不得罪成百上千的腐败分子，就要得罪十四亿人民，必须把权力关进制度的笼子里，依纪依法设定权力、规范权力、制约权力、监督权力。党坚持不敢腐、不能腐、不想腐一体推进，惩治震慑、制度约束、提高觉悟一体发力，确保党和人民赋予的权力始终用来为人民谋幸福。"②

四、 新时代自我革命要通过自我提高来化解外部环境的考验

外部环境的考验可以归纳为两大挑战。一个挑战是从赶上时代到

<hr>

① 《浙江省委原常委、杭州市委原书记周江勇严重违纪违法被开除党籍和公职》，中央纪委国家监委网站 2022 年 1 月 26 日。

② 《中共中央关于党的百年奋斗重大成就和历史经验的决议》，《人民日报》2021 年 11 月 17 日。

引领时代的转变，如何引领，这个挑战是很大的；另一个挑战就是从两种制度的较量发生有利于社会主义的重大转变到完成转变，两种制度较量会更加激烈。应对好这两大挑战，一个根本路径就是实现党的自我革命。

首先，以理论思维的自我提高来化解外部环境的考验。外部环境复杂多变，要防止思想教条化、僵化。

我们党的视野是十分宽广的，我们的思维是与时俱进的，这体现在：我们以胸怀天下的情怀看待世界发展；以世界历史视野看待人类前途命运；以时代本质看待世界社会主义的发展。第一，胸怀天下是马克思主义国际主义精神的时代表达。2018 年 4 月 23 日，习近平总书记在十九届中央政治局第五次集体学习时的讲话中特别强调了这一点。他指出："《共产党宣言》深刻阐述了马克思主义政党的国际主义精神。《共产党宣言》对资本主义生产跨越国界、不断开拓世界市场进行了深刻分析，科学预见了物质生产和精神文化生产的世界普遍性趋势，进而指出共产主义不是一种狭隘的地域的运动，无产阶级要获得彻底解放必须解放全人类，号召全世界无产者联合起来。这为马克思主义政党胸怀全球、造福人类，共同创造美好世界提供了科学理论依据。"① 在这里，习近平总书记明确提出了"胸怀全球、造福人类"的要求。马克思主义不仅要解放自己，还要解放全人类，所以，坚持无产阶级国际主义是马克思主义政党的鲜明特点。这种国际主义精神激励中国共产党人不仅要为人民谋幸福、为民族谋复兴，还要为世界谋大同。第二，胸怀天下是马克思主义世界历史理

---

① 习近平：《学习马克思主义基本理论是共产党人的必修课》，《求是》2019 年第 22 期。

论的内在要求。2018 年 5 月，习近平总书记在纪念马克思诞辰 200 周年大会上的讲话中指出："学习马克思，就要学习和实践马克思主义关于世界历史的思想。马克思、恩格斯说：'各民族的原始封闭状态由于日益完善的生产方式、交往以及因交往而自然形成的不同民族之间的分工消灭得越是彻底，历史也就越是成为世界历史。'"① 即使在今天，经济全球化遭遇逆流，整个世界遇到新冠肺炎疫情这样大的冲击，经济全球化的步伐仍然不可能停止。

其次，以推动构建新的国际经济政治秩序能力的自我提高来化解外部环境的考验。从加入世界贸易组织到倡导"一带一路"，从反对不公平的国际经济秩序到构建人类命运共同体，我们党把握国际形势变化和处理国际问题的能力不断提升。第一，推动"一带一路"高质建设。九年来，我们统筹谋划推动高质量发展、构建新发展格局和共建"一带一路"，坚持共商共建共享原则，把基础设施"硬联通"作为重要方向，把规则标准"软联通"作为重要支撑，把同共建国家人民"心联通"作为重要基础，推动共建"一带一路"高质量发展，取得实打实、沉甸甸的成就。"一带一路"不仅是和平之路、繁荣之路、开放之路、创新之路，而且已经成为人类有史以来最重要最大最有效率的全球公共产品。第二，以构建人类命运共同体来回答"世界怎么了、我们怎么办"的时代课题。从公元前的伯罗奔尼撒战争到两次世界大战，再到延续 40 余年的冷战告诉我们：要坚持对话协商，坚持沟通和政治谈判，建设一个持久和平的世界；坚持共建共享，树立共同、综合、合作、可持续的安全观，建设一个普遍安全的世界；

---

① 习近平：《在纪念马克思诞辰 200 周年大会上的讲话》，人民出版社 2018 年版，第 22 页。

坚持合作共赢，解决发展失衡、治理困境、数字鸿沟、公平赤字等问题，建设一个共同繁荣的世界；坚持交流互鉴，不同文明要取长补短、共同进步，建设一个开放包容的世界；坚持绿色低碳，倡导绿色、低碳、循环、可持续的生产生活方式，建设一个清洁美丽的世界。第三，以维护人类共同价值推动人类进步事业。2015 年 9 月 28 日，在纽约联合国总部，习近平总书记在第七十届联合国大会一般性辩论上发表讲话指出："和平、发展、公平、正义、民主、自由，是全人类的共同价值，也是联合国的崇高目标。目标远未完成，我们仍须努力。当今世界，各国相互依存、休戚与共。我们要继承和弘扬联合国宪章的宗旨和原则，构建以合作共赢为核心的新型国际关系，打造人类命运共同体。"① 之后，习近平总书记在国际国内多个场合多次强调要坚守和弘扬全人类共同价值。2018 年 12 月 10 日，习近平总书记给在北京举行的纪念《世界人权宣言》发表 70 周年座谈会发去贺信，他在信中强调："中国人民愿同各国人民一道，秉持和平、发展、公平、正义、民主、自由的人类共同价值，维护人的尊严和权利，推动形成更加公正、合理、包容的全球人权治理，共同构建人类命运共同体，开创世界美好未来。"② 2020 年 10 月 23 日，在纪念抗美援朝出国作战 70 周年大会上，习近平总书记强调："中国坚守和平、发展、公平、正义、民主、自由的全人类共同价值，坚持共商共建共享的全球治理观，坚定不移走和平发展、开放发展、合作发展、共同发展道路。只要坚持走和平发展道路，同各国人民一道推动构建人类命运共

① 习近平：《携手构建合作共赢新伙伴　同心打造人类命运共同体——在第七十届联合国大会一般性辩论时的讲话》，《人民日报》2015 年 9 月 29 日。

② 习近平：《坚持走符合国情的人权发展道路　促进人的全面发展》，《人民日报》2018 年 12 月 11 日。

同体，就一定能够迎来人类和平与发展的美好未来！"① 2021 年 1 月 25 日，习近平总书记在世界经济论坛"达沃斯议程"对话会上的特别致辞中说："我们要秉持人类命运共同体理念，坚守和平、发展、公平、正义、民主、自由的全人类共同价值，摆脱意识形态偏见，最大程度增强合作机制、理念、政策的开放性和包容性，共同维护世界和平稳定。"② 2021 年 7 月 1 日，习近平总书记在庆祝中国共产党成立 100 周年大会上的重要讲话中指出："中国共产党将继续同一切爱好和平的国家和人民一道，弘扬和平、发展、公平、正义、民主、自由的全人类共同价值。"2022 年 1 月 17 日，在出席世界经济论坛视频会议上的讲话中，习近平总书记指出："我们要顺应历史大势，致力于稳定国际秩序，弘扬全人类共同价值，推动构建人类命运共同体。"③ 习近平总书记之所以如此强调全人类共同价值，是因为有些国家以所谓的"普世价值"来裁定其他国家的政治制度、社会模式，试图用其政治理念来评判其他国家的发展。

第二节　自我革命指向"四种危险"

自我革命不仅指向"四大考验"，还面临着"四种危险"。"四种

---

① 习近平：《在纪念中国人民志愿军抗美援朝出国作战 70 周年大会上的讲话》，《人民日报》2020 年 10 月 24 日。

② 习近平：《让多边主义的火炬照亮人类前行之路——在世界经济论坛"达沃斯议程"对话会上的特别致辞》，人民出版社 2021 年版，第 5 页。

③ 习近平：《坚定信心　勇毅前行　共创后疫情时代美好世界》，《人民日报》2022 年 1 月 18 日。

危险"既是"四大考验"在精神层面的反映，也是党的建设面临的突出问题。"四种危险"的提出表明了我们党的清醒，说明我们党不仅深刻认识到了客观上会遇到的各种风险，而且还认识到了这些风险背后的主观因素，从而从更深层次上去把握党的建设的主要矛盾。

一、 以马克思主义信仰化解精神懈怠的危险

所谓精神懈怠就是精神层面上的状态不能适应甚至会损害党的事业的发展。精神懈怠的危险在当前有两个突出表现，就是两个丧失，即丧失共产主义远大理想、丧失基本的政治立场。

首先就是丧失了共产主义远大理想，认为现实问题都解决不过来，更别谈那么遥远的未来。

有一些党员干部认为共产主义那是十几代甚至几十代人之后的事情，总觉着"遥遥无期"，总觉着离自己特别遥远，从而不自觉地就丧失了对共产主义的信仰。过去有一个时期，曾经存在着一种现象："听到马克思主义冷冷一笑，听到中国特色社会主义微微一笑，听到共产主义哈哈大笑。"[1] 为什么哈哈大笑？因为在一些人看来，共产主义就是可笑的事情。一旦丢失了共产主义远大理想，自我革命的强大动力就丧失了，自我革命就会半途而废。习近平总书记指出："如果丢失了共产党人的远大目标，就会迷失方向，变成功利主义、实用主义者，最后意志消沉，奉行及时行乐的人生哲学，甚至产生'人不为

---

① 朱继东：《新时期领导干部意识形态能力建设》，人民出版社 2014 年版，第 5 页。

己，天诛地灭'的想法，把当干部作为一种谋取私利、巧取豪夺的手段。"① 我们必须始终把马克思主义信仰作为推进自我革命的强大思想武器，作为解决信仰丧失问题的利器。共产党人能够不断推进自我革命，就是因为有坚定的信仰，不断把马克思主义的真理力量和科学威力变成科学信仰的基础。马克思主义解决了信仰的朴素性与自觉性的统一，实现了信仰的情感性和科学性的统一。从马克思主义的观点分析，共产主义信仰是现实的运动，就是推动历史无限进步和人类文明永无止境地向前发展。投身于人类解放事业，投身于始终超越自我的为人民服务的事业中，个人就能获得有限生命的不朽价值，共产主义信仰的基础就会夯实得更加深厚。

习近平总书记指出："要带头坚定理想信念，从理想信念中获得察大势、应变局、观未来的指路明灯，获得奋斗不止、精进不怠的动力源泉，获得辨别是非、廓清迷雾的政治慧眼，获得抵御侵蚀、防止蜕变的强大抗体。"② 共产主义的理想信念是我们的指路明灯，它使我们始终清晰地认识到人类社会发展的大趋势、大方向，不管风云怎样变幻、迷雾怎样弥漫、时局如何起伏，共产主义一定会为我们提供应对变局的战略定力，成为未来走向的定盘星；共产主义的理想信念是人类历史上最伟大、最科学、最壮阔的理想，寄托着人类所有美好生活的向往，为这样一个理想去奋斗、去搏击，会有无穷的动力和干劲；共产主义的理想信念使我们每一位共产党员能够有坚定的政治立场，知道自己是谁，更知道为了谁，知道为什么干、为谁干，从而能

---

① 《深入开展"三严三实"专题教育》编写组：《深入开展"三严三实"专题教育》，人民出版社 2015 年版，第 73 页。

② 习近平：《弘扬伟大建党精神坚持党的百年奋斗历史经验 增加历史自信增进团结统一增强斗争精神》，《人民日报》2021 年 12 月 29 日。

够清楚地明辨是非曲直、真理谬误；共产主义的理想信念一旦丧失，抵御侵蚀的抗体就会消失，再强大的制度也会瓦解。前苏共总书记勃列日涅夫的侄女柳芭发表回忆录，其中谈到勃列日涅夫当年曾对自己的弟弟说："什么共产主义，这都是哄哄老百姓听的空话。"① 连苏共总书记都认为共产主义是骗人的空话，那么一个有 2000 万党员的苏联一夜之间轰然倒塌，就看似偶然实则必然了。

其次是丧失了基本的政治立场，既丧失了党性立场，又丧失了人民立场。

党的十九届六中全会通过的《中共中央关于党的百年奋斗重大成就和历史经验的决议》指出："改革开放以后，党坚持物质文明和精神文明两手抓、两手硬，推动社会主义文化繁荣发展，振奋了民族精神，凝聚了民族力量。同时，拜金主义、享乐主义、极端个人主义和历史虚无主义等错误思潮不时出现，网络舆论乱象丛生，一些领导干部政治立场模糊、缺乏斗争精神，严重影响人们思想和社会舆论环境。"② 其重要表现就是对各种错误思潮没有政治判断力，甚至不自觉地为错误思潮的泛滥提供便利。2015 年 12 月，在全国党校工作会议上的讲话中，习近平总书记指出："国内外各种敌对势力，总是企图让我们党改旗易帜、改名换姓，其要害就是企图让我们丢掉对马克思主义的信仰，丢掉对社会主义、共产主义的信念。而我们有些人甚至党内有的同志却没有看清这里面暗藏的玄机，认为西方'普世价值'经过了几百年，为什么不能认同？西方一些政治话语为什么不能借用？接受了我们也不会有什么大的损失，为什么非要拧着来？有的人

---

① 《领导干部必须知行合一》编写组编：《领导干部必须知行合一》，人民出版社 2019 年版，第 156 页。

② 《中共中央关于党的百年奋斗重大成就和历史经验的决议》，《人民日报》2021 年 11 月 17 日。

奉西方理论、西方话语为金科玉律，不知不觉成了西方资本主义意识形态的吹鼓手。"① 有些人认可"普世价值"，认为全世界人民拥有共同普遍的价值观念就是所谓的竞争性民主，就是多党竞选；有些人认可甚至迷恋"宪政民主""三权鼎立"、议会制等西方民主模式，认为只有这样的民主才是人类政治文明"大道"，不能背离；有些人认为，中国的经济发展程度还没有到实行竞争性民主的阶段，只要发展到现代化阶段，中国就一定会搞竞争性民主选举制度。这些看法的出现是丧失了政治立场的结果。所以，必须对党员干部进行马克思主义立场的教育，要讲政治，讲国之大者，讲政治立场。

二、 以执政本领的增强化解能力不足的危险

能力不足主要体现在七大能力不足。一是学习能力不足，面对日益复杂的局面，学习面不宽、不深问题突出；二是政治领导能力不足，总揽全局、协调各方的水平不高；三是改革创新能力不足，不善于结合实际创造性推动工作，不善于运用互联网技术和信息化手段开展工作；四是科学发展能力不足，贯彻落实新发展理念和构建新发展格局的办法不多；五是依法执政能力不足，不善于运用法治开展工作；六是抓落实能力不足，不善于谋实事、出实招、求实效，也不善于攻坚克难；七是驾驭风险能力不足，遇见风险就发怵，打退堂鼓，不能把握工作主动权。

首先，要通过更加专业系统的学习解决能力不足问题。

---

① 中共中央文献研究室编：《习近平关于社会主义政治建设论述摘编》，中央文献出版社 2017 年版，第 19 – 20 页。

党的十八届六中全会通过的《关于新形势下党内政治生活的若干准则》对于专业能力的学习提出过明确要求："适应时代进步和事业发展要求，广泛学习经济、政治、文化、社会、生态文明以及哲学、历史、法律、科技、国防、国际等各方面知识，提高战略思维、创新思维、辩证思维、法治思维、底线思维能力，提高领导能力专业化水平。"① 这里讲到了要学习涉及五大建设"总体布局"的经济、政治、文化、社会、生态文明的知识，也要学习哲学、历史、法律、科技、国防、国际方面的知识。我们不仅要学习涉及"四个全面"战略布局的现代化、改革开放、法治、党的建设方面的知识，还要学习能够提升战略思维、创新思维、辩证思维、法治思维、底线思维能力的知识。我们不仅要学习党史、国史、改革开放史和社会主义发展史这"四史"，还要学习能够真正解决问题的马克思主义方法论、马克思主义中国化方法论以及各门学科的专业方法论。我们不仅要学习新发展阶段、新发展理念、新发展格局方面的知识，还要学习区块链、元宇宙等方面的知识。

其次，要在实践进程中解决能力不足问题，复杂的社会实践是真正提高干部能力的最主要的方式。

中国特色社会主义事业发展的伟大实践是锤炼干部能力的大舞台。一是要在全面深化改革的实践中，去啃硬骨头，去涉险滩，去研究改革中的难题并善于发现解决问题的方法，这是解决能力不足的重要途径。全面深化改革已经进行十年了，好改的问题、较难的问题，基本上都已经解决完，剩下的都是最难的硬骨头，如何啃下这些比钢

————————

① 中共中央党史和文献研究院编：《十八大以来重要文献选编》（下），中央文献出版社 2018 年版，第421 页。

还要硬的骨头？改革从皆大欢喜的"帕累托优化"① 到分阶层分群体的获益，如何平衡好各个社会集团的关系？从共同贫困到一部分人先富起来，再到共同富裕，这个路径如何推进？解决这些问题的实践过程是真正培养干部能力的过程。二是要在贯彻新发展理念和构建新发展格局的实践中，去找关键问题，去找薄弱环节，去深入把握推动高质量发展的内在规律性，使高质量发展真正落实到位。新发展理念是一个系统的理论体系，回答了关于发展的目的、动力、方式、路径等一系列理论和实践问题，阐明了我们党关于发展的政治立场、价值导向、发展模式、发展道路等重大政治问题。贯彻新发展理念，如何切实解决好发展不平衡不充分不全面不公平的问题？贯彻新发展理念，决不能允许贫富差距越来越大、穷者愈穷富者愈富，决不能在富的人和穷的人之间出现一道不可逾越的鸿沟，如何在急不得等不得之间实现平衡？科技自立自强成为决定我国生存和发展的基础能力，存在诸多"卡脖子"问题，如何使科技强国事业更加稳步地推进？三是要在社会主义现代化强国建设的实践中，去处理各种难题，去把握好中国式现代化的本质要求，既要处理好经济发展活力性与社会稳定性的关系，又要处理好国内发展与国际环境的关系以及国家富强与人民富裕的关系。中国式现代化道路，破解了人类社会发展的诸多难题，摒弃了西方以资本为中心的现代化、两极分化的现代化、物质主义膨胀的现代化、对外扩张掠夺的现代化老路，拓展了发展中国家走向现代化的途径，为人类对更好社会制度的探索提供了中国方案。我们是如何

_____

① 帕累托优化（Pareto Improvement），也称为帕累托改善或帕累托改进，是以意大利经济学家帕累托（Vilfredo Pareto）命名的，并基于帕累托最优变化，在没有使任何人境况变坏的前提下，使得至少一个人变得更好。一方面，帕累托最优是指没有进行帕累托改进余地的状态；另一方面，帕累托改进是达到帕累托最优的路径和方法。

破解的？这种破解的道路是如何探索出来的？我们的党员干部要在中国式现代化事业发展中去摸索规律、解决问题。四是要在全面推进依法治国实践中，去解决根本问题，去解决棘手问题，努力让人民群众在每一项法律制度、每一个执法决定、每一宗司法案件中都感受到公平正义。依法治国实践中存在着极为复杂的问题，习近平总书记指出："人民群众对执法乱作为、不作为以及司法不公的意见比较集中，这要成为我们厉行法治的聚焦点和发力点。比如，一些黑恶势力长期进行聚众滋事、垄断经营、敲诈勒索、开设赌场等违法活动，老百姓敢怒不敢言。黑恶势力怎么就能在我们眼皮子底下从小到大发展起来？我看背后就存在执法者听之任之不作为的情况，一些地方执法部门甚至同黑恶势力沆瀣一气，充当保护伞。执法部门代表的是人民利益，决不能成为家族势力、黑恶势力的保护伞。"①

再次，要在复杂斗争中解决能力不足问题，特别是在防范化解重大风险中提升能力。

中国特色社会主义事业越发展，遇到的风险挑战就会越多。2016年1月18日，在省部级主要领导干部专题研讨班上，习近平总书记从4个方面分析了我们搞开放发展所面临的风险挑战。2018年1月5日，在新进中央委员会的委员、候补委员和省部级主要领导干部研讨班上，习近平总书记又从8个方面列举了16个需要高度重视的风险。2019年1月21日，中央专门举办了省部级主要领导干部坚持底线思维着力防范化解重大风险专题研讨班，习近平总书记在开班式上分析了要防范化解政治、意识形态、经济、对美经贸斗争、科技、社会、

---

① 习近平：《加强党对全面依法治国的领导》，《求是》2019年第4期。

对外工作、党自身等8个领域的重大风险并提出了明确要求，强调我们必须始终保持高度警惕，既要高度警惕"黑天鹅"事件，也要防范"灰犀牛"事件。应对这些风险挑战，可以有效提高干部本领。要着眼于以下方面：当今世界正经历百年未有之大变局，这样的大变局不是一时一事、一域一国之变，是世界之变、时代之变、历史之变，要在这些变局中不断提高识变之智、应变之方、求变之勇；发展社会主义市场经济，让市场在配置资源中发挥决定性作用，就要提高驾驭社会主义市场经济的能力，防止资本无序扩张；发展社会主义民主政治，就要坚持我们的国体和政体，就要跟那些企图动摇社会主义根本政治制度的图谋进行坚决斗争，警惕和防范西方所谓"宪政"、多党轮流执政、"三权鼎立"等政治思潮的侵蚀影响。

三、 以人民至上理念来化解脱离群众的危险

2005年9月21日，中国台湾学者李敖在北京大学演讲时提出所谓自由主义的人民与政府的五个关系：第一个关系是政府这么坏，我不要活了，我"嗝儿"了（死了的意思）。屈原就是，政府不好，我"嗝儿"了。第二个关系就是我"颠儿"了，撒丫子就跑。为什么"颠儿"了？我玩不过你。第三个关系是"嘚儿"了，就是你找不到我，我猫起来了，就是做了隐士。第四个关系就是"怂"了，就是蔫了，我怕你了，我服你了。第五个关系就是"翻儿"了。我火了，我跟你干上了，我生气了。[①] 这五种关系都是从自由主义出发而论的，

[①] 张林、麦楠编著：《快意还乡：李敖神州文化之旅》，中国友谊出版公司2005年版，第59页。

不是服了，就是干上了，政府与人民之间似乎永远是对抗关系。而我们的国家治理能力现代化是要建立一种人民与政府的新型关系，一种人民掌权、政府治理的科学关系。

脱离群众的危险主要体现为三个脱离。党的十九届六中全会通过的《中共中央关于党的百年奋斗重大成就和历史经验的决议》指出："民心是最大的政治，正义是最强的力量。党的最大政治优势是密切联系群众，党执政后的最大危险是脱离群众。"一个脱离就是借用各种规章制度来隔绝与人民大众的关系，什么事情都是公事公办，其冷漠的态度会损伤人民群众的心；一个脱离就是有些党员干部只会说空话大话，与人民群众对不上话，不接地气，与群众的感情逐渐淡漠了；一个脱离是有些党员干部有自己的特殊私利，会与人民群众发生利益冲突。

首先，防止制度执行的冷漠化，以全心全意为人民服务的热忱和人民至上的理念使制度执行有温度。随着全面依法治国的深入推进和中国特色社会主义制度体系建设的发展，随着国家治理体系和治理能力现代化的推进，我国的法治越来越健全，制度越来越完善，法治和制度在人们生活中的作用日益突出。但生活制度化、法治化会带来一个问题，那就是制度和法治执行的格式化、刻板化、非人性化会凸显。为此，我们要教育我们的公务人员和党员干部充分树立人民公仆、人民勤务员的观念，用热情周到的服务、温暖如春的态度把严格的制度执行好。

其次，要会讲老百姓的话，与人民群众能够心连心。党员干部要多深入基层、深入群众，要学会用群众的语言来讲透中央政策的要求和精神，要善于把中央提出的要求转化为群众话语，不能用文件语言来传达文件精神，更不能用大话套话来曲解中央的政策。

第三，要时时刻刻教育全党同志，中国共产党没有任何自己的党派私利。习近平总书记指出："我在庆祝中国共产党成立一百周年大会上讲到，中国共产党从来不代表任何利益集团、任何权势团体、任何特权阶层的利益。这次全会《决议》再次重申了这句话。这既是回击一些别有用心的人想把我们党同人民分割开来、对立起来的企图，也是提醒全党，在为谁执政、为谁用权、为谁谋利这个根本问题上头脑要特别清醒、立场要特别坚定。"① 他还指出："我们党没有任何自己特殊的利益，这是我们党敢于自我革命的勇气之源、底气所在。正因为无私，才能本着彻底的唯物主义精神经常检视自身、常思己过，才能摆脱一切利益集团、权势团体、特权阶层的围猎腐蚀，并向党内被这些集团、团体、阶层所裹挟的人开刀。"②

四、 以刮骨疗毒、 去腐生肌的勇气化解消极腐败的危险

消极腐败的危险表现为两个量依然触目惊心。2021 年 1 月，在十九届中央纪委五次全会上，习近平总书记指出："腐败这个党执政的最大风险仍然存在，存量还未清底，增量仍有发生。"③ 目前，各级纪委监委处理的各类腐败问题依然很多，其中有不少是党的十八大之前的存量问题，有一些是党的十八大甚至是十九大之后的增量问题。2019 年接受审查调查的中管干部达 20 人；2020 年共有至少 17 名中管

---

① 习近平：《以史为鉴、开创未来　埋头苦干、勇毅前行》，《求是》2022 年第 1 期。
② 习近平：《以史为鉴、开创未来　埋头苦干、勇毅前行》，《求是》2022 年第 1 期。
③ 习近平：《充分发挥全面从严治党引领保障作用　确保"十四五"时期目标任务落到实处》，《人民日报》2021 年 1 月 23 日。

金融企业党员干部被查处；2021 年落马的中管干部达到 25 人。清底存量、减少增量，是化解消极腐败危险的重要举措，任务十分艰巨。2022 年 1 月，习近平总书记在十九届中央纪委六次全会上发表重要讲话，强调："我们必须清醒认识到，腐败和反腐败较量还在激烈进行，并呈现出一些新的阶段性特征，防范形形色色的利益集团成伙作势、'围猎'腐蚀还任重道远，有效应对腐败手段隐形变异、翻新升级还任重道远，彻底铲除腐败滋生土壤、实现海晏河清还任重道远，清理系统性腐败、化解风险隐患还任重道远。"① 这里"四个任重道远"的论断，说明反腐败斗争任务依然艰巨。

首先，清底存量、减少增量，必须驰而不息地深入推进党风廉政建设和反腐败斗争。我们党作为百年大党，要永葆先进性和纯洁性、永葆生机活力，必须一刻不停地推进党风廉政建设和反腐败斗争。党的十八大以来，习近平总书记始终强调从政治的高度看全面从严治党，对坚定不移推进反腐败斗争的要求一以贯之：从在十八届中央政治局第一次集体学习时强调"大量事实告诉我们，腐败问题越演越烈，最终必然会亡党亡国"②，到在十八届中央纪委七次全会上指出"坚决打赢反腐败这场正义之战"③；从在党的十九大报告中强调"人民群众最痛恨腐败现象，腐败是我们党面临的最大威胁"④，到在十九届中央政治局第六次集体学习时指出"坚决把反腐败斗争进行到底，

① 习近平：《坚持严的主基调不动摇　坚持不懈把全面从严治党向纵深推进》，《人民日报》2022 年 1 月 19 日。

②《习近平谈治国理政》第 1 卷，外文出版社 2018 年版，第 16 页。

③ 习近平：《增强全面从严治党系统性创造性实效性》，《人民日报》2017 年 1 月 7 日。

④《习近平谈治国理政》第 3 卷，外文出版社 2020 年版，第 52 页。

使我们党永不变质、永不变色"①；从在庆祝中国共产党成立100周年大会上的讲话中强调"坚决清除一切损害党的先进性和纯洁性的因素，清除一切侵蚀党的健康肌体的病毒，确保党不变质、不变色、不变味"②，到在党的十九届六中全会第二次全体会议上的讲话中指出"不论什么问题，不论谁出问题，该出手时就出手，对腐败问题尤其要坚决查处，不断清除损害党的先进性和纯洁性的因素，不断清除侵蚀党的健康肌体的病毒"③。这一系列重要论述充分说明，只有看明白、看清楚腐败问题的政治本质和政治危害，才能有始终坚持下去的政治决心和政治定力，赢得这场输不起也决不能输的斗争。

其次，清底存量、减少增量，必须充分发挥自我革命精神。习近平总书记指出："回顾党的历史，我们党总是在推动社会革命的同时，勇于推动自我革命，始终坚持真理、修正错误，敢于正视问题、克服缺点，勇于刮骨疗毒、去腐生肌。正因为我们党始终坚持这样做，才能够在危难之际绝处逢生、失误之后拨乱反正，成为永远打不倒、压不垮的马克思主义政党。"④ 自我革命精神内涵丰富，其中一个重要方面就要勇于刮骨疗毒、去腐生肌。正是这种自我革命精神，使我们党始终能够保持一个强大而且健康的肌体。刮骨疗毒、去腐生肌，这是我们党的一个鲜明品格。不管什么样的毒，只要是危害到党和国家的肌体，就坚决地给予清除，而且清除得彻彻底底、干干净净。

---

① 习近平：《增强推进党的政治建设的自觉性和坚定性》，《求是》2019年第14期。

② 习近平：《在庆祝中国共产党成立100周年大会上的讲话》，《人民日报》2021年7月2日。

③ 习近平：《以史为鉴、开创未来　埋头苦干、勇毅前行》，《求是》2022年第1期。

④ 习近平：《在"不忘初心、牢记使命"主题教育总结大会上的讲话》，《求是》2020年第13期。

第三节　以严密有效的自我革命制度体系永远做到
不代表利益集团、权势团体和特权阶层

纵观世界政党发展历史，横看各国政党运行变化，真正像中国共产党这样能够始终如一正视自身问题，始终如一重视解决问题，能够形成一整套自我约束、自我监督的制度规范体系，能够严肃惩处党内腐化变质分子的，基本上没有。因此，习近平总书记在党的二十大报告中强调：要"完善党的自我革命制度规范体系"①。

一、 中国共产党从来不代表任何利益集团、 任何权势团体、任何特权阶层的利益

在庆祝中国共产党成立 100 周年大会上的重要讲话中，习近平总书记明确指出："中国共产党始终代表最广大人民根本利益，与人民休戚与共、生死相依，没有任何自己特殊的利益，从来不代表任何利益集团、任何权势团体、任何特权阶层的利益。"② 这个论断可以说是对马克思主义政党理论的重大的原创性贡献。后来，这个重要论断被写入党的十九届六中全会的决议，成为全党的政治共识。《中共中央关于党的百年奋斗重大成就和历史经验的决议》指出："党代表中国

---

① 习近平：《高举中国特色社会主义伟大旗帜　为全面建设社会主义现代化国家而团结奋斗》，人民出版社 2022 年版，第 65 页。

② 习近平：《在庆祝中国共产党成立 100 周年大会上的讲话》，《人民日报》2021 年 7 月 2 日。

最广大人民根本利益，没有任何自己特殊的利益，从来不代表任何利益集团、任何权势团体、任何特权阶层的利益，这是党立于不败之地的根本所在。"① 习近平总书记 2021 年 11 月 11 日在党的十九届六中全会第二次全体会议上的讲话中再次强调了这一论断，他说："我在庆祝中国共产党成立一百周年大会上讲到，中国共产党从来不代表任何利益集团、任何权势团体、任何特权阶层的利益。这次全会《决议》再次重申了这句话。"② 为什么如此三番五次地讲这个问题？习近平总书记指出："这既是回击一些别有用心的人想把我们党同人民分割开来、对立起来的企图，也是提醒全党，在为谁执政、为谁用权、为谁谋利这个根本问题上头脑要特别清醒、立场要特别坚定。"③ 这段话的内涵十分丰富，需要认真把握。

首先，是为了回击一些别有用心的人的企图。这些人想把党与人民对立起来、分割开来，于是就制造各种谬论，说什么中国特色社会主义是"新官僚资本主义""权力资本主义"，说什么中国共产党是"利益集团的代言人""是由特殊利益集团构成的精英阶层"等。这些人制造这些谎言的目的就是试图让民众相信党是特权阶层人员构成的党，是只代表所谓少数精英人士的党。这种说法是毫无道理的。我们党没有任何自己的特殊利益，也不能有自己的特殊利益，任何有特殊利益的想法和做法都与我们党的宗旨和性质不相容。如果有了自己的特殊利益，形成一个一个利益集团，就会使党与人民对立起来。正因为我们党是只有人民利益的无私无畏的无产阶级政党，才能本着彻

---

① 《中共中央关于党的百年奋斗重大成就和历史经验的决议》，《人民日报》2021 年 11 月 17 日。
② 习近平：《以史为鉴、开创未来　埋头苦干、勇毅前行》，《求是》2022 年第 1 期。
③ 习近平：《以史为鉴、开创未来　埋头苦干、勇毅前行》，《求是》2022 年第 1 期。

底的唯物主义精神经常检视自身、常思己过，才能摆脱一切利益集团的围猎、一切权势团体的俘获、一切特权阶层的腐蚀，并向党内被这些集团、团体、阶层所裹挟的人开刀，坚决清除其中的腐败分子并斩断其利益关系。

其次，使我们广大党员干部在为谁执政、为谁用权、为谁谋利、为谁造福这个根本问题上不仅头脑特别清醒而且立场特别坚定。江山就是人民，人民就是江山，中国共产党执政是为人民执政，为人民守千秋万代的江山，守青绿腰的江山，守如此多娇的江山，守人民幸福的江山。中国是人民当家作主的国家，实行的是人民民主专政的国体，中国共产党为人民用权就要做到面向全体人民，体现全体人民的利益和意志，保障人民权利，满足人民需求，维护人民利益。

二、 从制度体系的建立健全上确保做到永远不代表利益集团、 权势团体和特权阶层

首先，通过完善制度彻底消除"七个有之"。2014 年 10 月，在党的十八届四中全会第二次全体会议上的讲话中，习近平总书记指出了无视政治纪律和政治规矩的七个突出问题。党的十九届六中全会通过的《决议》指出了"七个有之"："搞任人唯亲、排斥异己的有之，搞团团伙伙、拉帮结派的有之，搞匿名诬告、制造谣言的有之，搞收买人心、拉动选票的有之，搞封官许愿、弹冠相庆的有之，搞自行其是、阳奉阴违的有之，搞尾大不掉、妄议中央的也有之，政治问题和经济问题相互交织，贪腐程度触目惊心。"[1] 这"七个有之"是形成

---

[1]《中共中央关于党的百年奋斗重大成就和历史经验的决议》，《人民日报》2021 年 11 月 17 日。

利益集团直接和间接的基础。从直接的基础上讲，搞任人唯亲、排斥异己的，搞团团伙伙、拉帮结派的，搞封官许愿、弹冠相庆的，这三种形式的行为发展下去，不加以防范和清除，就很容易导致产生利益集团。其他四种形式在一定程度上也容易导致产生为权势团体、特权阶层谋利益的问题。新时代以来，我们党针对这"七个有之"制定了一系列制度规范，取得了很好的效果。

其次，党聚焦政治问题和经济问题交织的腐败案件，从查办案件中清除利益集团滋生的土壤。党的十九届六中全会通过的《决议》指出："党聚焦政治问题和经济问题交织的腐败案件，防止党内形成利益集团，查处周永康、薄熙来、孙政才、令计划等严重违纪违法案件。"① 政治问题的存在就会滋生政治小团伙的土壤，经济问题的存在则会为小团伙的发展提供经济基础，两者的结合，特别是两者的深度结合和长时间的结合，很自然地就会形成政治利益集团。党的十八大以来，我们从制度上嵌入自我革命的要求，用制度体系大规模、强力度地反对腐败，彻底解决了已在的某些利益集团。我们既没有采用西方所谓的"多党轮流执政"的异体监督，也没有采取所谓的看菜下碟的"纸牌屋"，而是采取了自我革命的制度安排。习近平总书记指出："世界上那么多执政党，有几个敢像我们党这样大规模、大力度、坚持不懈反腐败？有些人吹捧西方多党轮流执政、'三权鼎立'那一套，不相信我们党能够刀刃向内、自剜腐肉。中国共产党勇于自我革命的实践给了他们响亮有力的回答。"② 我们党对那些攫取国家和人民利益、侵蚀和削弱党的执政根基、动摇和损害社会主义国家政权的人，

---

①《中共中央关于党的百年奋斗重大成就和历史经验的决议》，《人民日报》2021 年 11 月 17 日。
② 习近平：《以史为鉴、开创未来 埋头苦干、勇毅前行》，《求是》2022 年第 1 期。

对那些在党内搞政治团伙、小圈子、利益集团的人，从来都是零容忍、零容身，从来都是毫不手软、坚决查处。

再次，通过完善制度切实解决特权思想和特权现象问题。党的十九届六中全会通过的《决议》指出："改革开放以后，党坚持党要管党、从严治党，推进党的建设取得明显成效。同时，由于一度出现管党不力、治党不严问题，有些党员、干部政治信仰出现严重危机，……特权思想和特权现象较为普遍存在。"①"较为普遍存在"这一表述说明一定时期特权思想和特权现象是较为严重的。"较为普遍存在"意味着在不少党员干部特别是领导干部身上都曾经存在，而且一些人不认为这是什么问题，甚至认为这是正常合理的；"较为普遍存在"还意味着在相当一些部门都不同程度地有过，而且大家都司空见惯，鲜有人出来抵制。为什么特权思想和特权现象会较为普遍存在？至少三个原因：一是中国长达几千年的封建特权观念的影响不是一朝一夕就能消除的，只要略微存在某种氛围，特权观念就容易滋生；二是西方资本主义一些腐朽的生活方式的影响，诸如消费特权和VIP理念也会为特权思想和特权现象的滋生提供便利；三是平等观念的教育还十分薄弱，人们的平等意识还没有真正形成，一些人甚至还存有某种依附性观念，把攀附有权有势的人作为资本来炫耀。

党的十八大以来，党中央发扬钉钉子精神，持之以恒纠治"四风"，反对特权思想和特权现象，纠治了一些多年未除的顽瘤痼疾。要继续巩固反对特权思想和特权现象已有的成果，还需要持之以恒地努力，特别是要继续加大制度的建立和完善。

---

① 《中共中央关于党的百年奋斗重大成就和历史经验的决议》，《人民日报》2021年11月17日。

第四章

新时代自我革命的基本遵循

"全面从严治党是新时代党的自我革命的伟大实践，开辟了百年大党自我革命的新境界。必须坚持以党的政治建设为统领，坚守自我革命根本政治方向；必须坚持把思想建设作为党的基础性建设，淬炼自我革命锐利思想武器；必须坚决落实中央八项规定精神、以严明纪律整饬作风，丰富自我革命有效途径；必须坚持以雷霆之势反腐惩恶，打好自我革命攻坚战、持久战；必须坚持增强党组织政治功能和组织力凝聚力，锻造敢于善于斗争、勇于自我革命的干部队伍；必须坚持构建自我净化、自我完善、自我革新、自我提高的制度规范体系，为推进伟大自我革命提供制度保障。"这"六个必须坚持"是新时代推进伟大自我革命基本经验的深刻总结，是继续推进自我革命的基本遵循。

第一节　坚守自我革命根本政治方向

自我革命的目的是要把党建设得纯洁有力。习近平总书记 2018 年 6 月 29 日在十九届中央政治局第六次集体学习时明确指出了政治建设的政治方向问题："政治方向是党生存发展第一位的问题，事关党的前途命运和事业兴衰成败。红军过草地的时候，伙夫同志一起床，不问今天有没有米煮饭，却先问向南走还是向北走。这说明在红军队伍里，即便是一名炊事员，也懂得方向问题比吃什么更重要。"① 习近平总书记又指出："我们所要坚守的政治方向，就是共产主义远大理想和中国特色社会主义共同理想、'两个一百年'奋斗目标，就是党的基本理论、基本路线、基本方略。"② 接着，习近平总书记提出了三个方面的要求："加强党的政治建设就是要发挥政治指南针作用，引导全党坚定理想信念、坚定'四个自信'，廓清思想迷雾，澄清模糊认识，排除各种干扰，把全党智慧和力量凝聚到新时代坚持和发展中国特色社会主义伟大事业中来；就是要推动全党把坚持正确政治方向贯彻到谋划重大战略、制定重大政策、部署重大任务、推进重大工作的实践中去，经常对表对标，及时校准偏差，坚决纠正偏离和违背党的政治方向的行为，确保党和国家各项事业始终沿着正确政治方向发展；就是要把各级党组织建设成为坚守正确政治方向的坚强战斗堡

---

① 习近平：《增强推进党的政治建设的自觉性和坚定性》，《求是》2019 年第 14 期。
② 习近平：《增强推进党的政治建设的自觉性和坚定性》，《求是》2019 年第 14 期。

垒，教育广大党员、干部坚定不移沿着正确政治方向前进。"①

在当前，政治建设的政治方向就是要坚持和加强党的全面领导、领悟"两个确立"、完善"两个维护"制度体系。这三个主题是当前全党政治生活中最重要的内容，对于捍卫我们党的重大政治成果具有十分重大的意义。这几个问题的本质，都让我们更加科学地认识和把握党的政治建设的重点，更加有效地推进党的政治建设的具体工作。

一、 提高党的政治建设科学化水平， 要在聚焦坚持和完善民主集中制上精准发力

民主集中制是我们党完善"两个维护"制度体系的根本制度基础，是全党坚持和加强党的全面领导、领悟"两个确立"、做到"两个维护"的根本制度保障。习近平总书记指出："民主集中制是我们党的根本组织原则和领导制度，是马克思主义政党区别于其他政党的重要标志。"② 脱离了民主集中制，就无法统一全党的思想和行动，党的全面领导就失去了根基，领悟"两个确立"、完善"两个维护"制度体系就成为无源之水，无本之木。所以，提高党的政治建设科学化水平，首先要坚持和完善民主集中制。

坚持和完善民主集中制，要结合新的时代特征，科学优化民主和集中的关系。民主集中制贯穿于党和国家政治生活的方方面面，是确保党和国家治理体系有效运转、治理能力有效发挥的关键，更是社会

① 习近平：《增强推进党的政治建设的自觉性和坚定性》，《求是》2019 年第 14 期。
② 习近平：《树牢"四个意识"坚定"四个自信"坚决做到"两个维护"勇于担当作为　以求真务实作风把党中央决策部署落到实处》，《人民日报》2018 年 12 月 27 日。

主义制度优越性有效体现的关键。那么，到底是民主多一些，还是集中多一些？这取决于不同时期党的领导实践的具体需要。党的十八大以来，党和国家事业取得历史性成就、发生历史性变革的一条关键原因就是在坚持和完善民主集中制上有了新的突破，以习近平同志为核心的党中央对民主集中制的原则和机制进行了探索和创新，党的领导体制取得了新发展，党内政治生活有了新面貌，比如在重大事项请示报告、政治巡视集中监督等方面均有理论和实践的创新，充分证明党的集中统一领导在新的历史条件下依然至关重要。但同时也要看到，在贯彻落实民主集中制方面，有些党组织在实践中还不同程度地存在着集中不够、民主不够的问题，有的软弱涣散、我行我素、各行其是，党的全面领导没能有效贯彻；有的独断专行，搞家长制、"一言堂"，将个人凌驾在组织之上，党内民主不能充分保障；有的搞形式主义，民主和集中变成了填表格、走过场。这些问题，损害了党的肌体，削弱了党的领导。

党的十八大以来，党的全面领导的具体实践表明，在社会主义的新时代，民主集中制的运用和发展，在不同领域、不同层级有着不同的实践要求。对普通党员干部来说，在坚持党的全面领导、领悟"两个确立"、做到"两个维护"中，更多强调的是政治、思想和行动的集中统一。这里的集中，是在民主基础上的对多数人的认识和意见的集中，这就需要党员干部深入调查研究、广泛听取各方面意见，在实践中探索党内民主实现的新方式，提高听民声、汇民意的本领和水平，只有这样才能做到以多数人的认识和意见形成的集中去指导、约束和规范全党的思想和行动。对于党员领导干部来说，要带头做贯彻民主集中制的典范，在实践中积极探索完善上级对下级、同级之间以及下级对上级的良性关系，把民主素养作为领导能力来培养，把科学集中作为领导艺术来掌握，力争把各方面真实意见掌握全、掌握准，反复比较、择善而从，同时要善于正确集中，把不同意见统一起来，把分散意见提炼出来，真正把符合事物发展规律、符合党和国家事业发展需要、符合广大人民群众根本利益的正确意见集中起来，作出科学决策。

在制度顶层设计上，还要积极探索完善民主集中制度的各项制度。这就要求我们科学处理民主和集中的关系，结合建设社会主义现代化强国的目标，根据时代特点和党员特征，落实领导责任，完善体制机制，增强贯彻落实民主集中制的科学性。要创新落实民主集中制的具体制度、配套制度、考核制度，使全党自觉地按照民主集中制办事，不折不扣地坚决执行"四个服从"。在此基础上，不断健全党领导国家权力机关、行政机关、检察机关、司法机关的具体制度，健全各级党委（党组）的工作制度和行为规范，同时大力构建民主集中制的教育培训机制，夯实党员干部履行民主集中制的政治素养，真正把民主集中制落实到党和国家政治生活和每一项工作中去，使贯彻执行民主集中制成为全党共同的政治责任。

二、 提高党的政治建设科学化水平， 要在聚焦优化党员领导干部政治能力教育考核制度上精准发力

党员领导干部政治能力建设，是坚持和加强党的全面领导、领悟"两个确立"、完善"两个维护"制度体系的应有之义，它关系党的政治建设的质量。把党的政治建设的具体要求落实到人，就要在提高

党员领导干部的政治能力上下功夫。

习近平总书记指出："政治能力就是把握方向、把握大势、把握全局的能力，就是辨别政治是非、保持政治定力、驾驭政治局面、防范政治风险的能力。"同时强调："在领导干部的所有能力中，政治能力是第一位的。"① 党的十八大以来，以习近平同志为核心的党中央多次强调提高党员领导干部的政治能力，明确要求把政治标准贯彻到干部考核工作始终。回顾党的十八大以来的党的政治建设的具体实践，一个突出的亮点就是建立和完善干部政治能力建设的体制机制，逐步探索干部政治素质评价标准和考察办法，出台完善了党内法规，取得了一定的成效。但是，我们也要看到政治能力具有隐蔽性，它有显性的一面，但更多的是隐性的一面，往往没有显性的表征和标志，存在辨识难、定性难等诸多问题。在新的历史起点上，我们党面临的"四大考验"和"四种危险"依然存在，如何让党员领导干部自觉注重提升自身政治能力，坚持党的全面领导不动摇，贯彻党的理论路线方略不动摇，执行党的路线方针政策不动摇，都是要亟待研究和探索的新问题。

政治能力决定政治站位，是根本性的大问题。看一个党员领导干部政治能力的高低，最根本的是要看其是否领悟"两个确立"，是否做到"两个维护"，是否自觉坚持党中央集中统一领导。新时代新起点新阶段，必须及时精细科学地出台提升党员领导干部政治能力建设的相关举措，下大气力完善干部政治素质考察标准，有现实针对性地处理并抵制党内政治虚无主义的倾向和苗头。比如，有的党员、干部

---

① 中共中央宣传部编：《习近平新时代中国特色社会主义思想学习纲要》，学习出版社，人民出版社2019年版，第227页。

在重大原则问题上立场摇摆，对中央决策部署和三令五申的要求阳奉阴违甚至搞非组织活动，发表反对党的路线方针政策的言论；有的党组织觉得政治是"虚"的、"软"的，对违反政治纪律的言行不在意、不报告、不抵制、不斗争；有的干部对领悟"两个确立"、做到"两个维护"入口不入心，觉得和业务工作关系不大等。今天，我们推进全面从严治党向纵深发展，决不能回避政治问题，必须把政治标准摆在首位，通过持之以恒的努力使党员领导干部真正成为政治上的明白人。

聚焦提升党员领导干部政治能力建设，要科学把握政治能力建设的特点，尽快完善政治能力教育和考核的体制机制，找到切实可行的抓手和载体。政治能力是具体的不是抽象的，但依然具有隐蔽性和复杂性。对党员领导干部来说，政治能力并不是天生的，也不随着职务的升迁和党龄的增加而自然增加，一时具有并不代表永远都有，需要长期磨砺、不断巩固，这就要求我们把功夫下在平时，积极探索完善政治能力教育和考核的体制机制。在政治能力教育环节中，研究政治能力提升的教育途径，把锤炼党性和提高政治能力统一起来，加大政治能力在党内学习教育的力度，把领悟"两个确立"、做到"两个维护"作为党内学习教育的重要内容。通过党内学习教育，筑牢党员领导干部的政治敏锐性、洞察力和判断力，使其在复杂斗争实践中积累政治经验，在服务群众中增长政治才干，在严于律己中锤炼政治素养。在政治能力考核环节中，政治能力是第一位的，必须进考纲、有考题，要利用有效的手段把考核工作落细落小落实，把领悟"两个确立"、做到"两个维护"作为考核了解干部的首要内容。要听其言、观其行，以事见人，知事识人，列出负面清单，把功夫下在平时。要在现有的干部政治素质考核的基础上，大力创造创新实践，及时总结好的经验、好的做法，强化结果运用。及时提炼，及时研究，及时总结，把实践中形成的认识及时上升到理论高度，出台更加科学的办法并指导新的实践。

三、 提高党的政治建设科学化水平， 要在建立完善保障 "两个维护" 制度机制上精准发力

坚持和加强党的全面领导，深刻领悟"两个确立"，最终都要落实到践行"两个维护"中去。践行"两个维护"，一靠党员干部自觉遵守，二靠制度机制保障。提高党的政治建设科学化水平，必须要在建立完善保障"两个维护"制度机制上精准发力。

建立完善保障"两个维护"制度机制，要把政治纪律挺在前面。政治纪律是党最重要、最根本、最关键的纪律，是做到"两个维护"强有力的保障。要以党章为根本依据，严格执行《关于新形势下党内政治生活的若干准则》《中国共产党重大事项请示报告条例》《中国共产党纪律处分条例》等党内法规。遵守党的纪律，首先要遵守党的政治纪律；违反党的纪律，本质都是在破坏党的政治纪律。如果政治纪律立不起来、严不起来、执行不到位，必然导致党的其他各项纪律全面失守，最终产生形式主义、官僚主义等问题。新时代，全党必须把政治纪律放在最为重要的位置，发挥政治纪律的统领性作用，以严明的政治纪律带动其他纪律。这就要求我们坚决杜绝"七个有之"，坚持"五个必须"；坚决防止和反对个人主义、分散主义、自由主义、本位主义、好人主义；坚决防止和反对宗派主义、圈子文化、码头文

化；坚决反对搞两面派、做两面人，不搞任何形式的"低级红""高级黑"。结合这几个方面有针对性地进一步细化现有制度，使政治纪律有章可查、有法可依。

建立完善保障"两个维护"制度机制，要加强对贯彻执行党的路线方针政策和决议情况的督促检查。党的十八大以来，在党中央统一领导下，各级党组织分级负责，突出各级党委的督促检查工作主体责任，强化纪检监察部门对党的路线方针政策和党中央重大决策部署落实情况的督促检查，强化对党员领导干部贯彻党章和其他党内法规、执行党的路线方针政策和决议情况的有效监督，督促广大党员领导干部把"两个维护"落实在实际行动上，取得了良好的效果。在新的历史起点上，加强对贯彻执行党的路线方针政策和决议情况的督促检查工作，要着力提升督促检查工作科学化、规范化、制度化水平。这包括加强督促检查工作计划和统筹，改进创新督促检查方式方法，提升督促检查工作效能，调动各方面力量参与等。要通过制订年度计划和阶段性安排，加强现场核查、实地暗访、随机抽查，对问题突出的相关责任人进行约谈，将督促检查结果纳入综合考核等方式，增强工作的系统性、预见性。要着力发现问题、解决问题、推动工作。要以踏石留印、抓铁有痕的劲头，既摸清实情、聚焦问题，敢于较真碰硬、加强督促整改，又实事求是、喜忧兼报，客观公正地评价工作、认识问题；既督任务、督进度、督成效，又查认识、查责任、查作风。通过实实在在的努力，推动党中央决策部署不折不扣贯彻落实。

建立完善保障"两个维护"制度机制，要强化执纪问责。执纪问责是严守党的政治纪律、做到"两个维护"的根本保证。强化执纪问责，必须严格执行纪律。纪律的生命力在于执行，纪律的严肃性和权威性只有在执行中才能得到充分的体现。增强执纪问责的执行力，要从体制机制入手，加强党员干部的思想教育，增强党员干部的党章意识、纪律意识，增强全党在思想上遵守纪律、维护纪律、执行纪律的自觉性。增强执纪问责的执行力，要增强党员干部抓落实的本领，切实使党的纪律立起来、严起来，使执纪问责成为一种常态。增强执纪问责的执行力，要坚持"一案双查"制度，切实落实党委（党组）的主体责任和纪委监委的监督责任，层层传导压力，级级压实责任，对于执纪问责不力、失职失责的行为要从严处理。强化执纪问责，还要强化督促检查工作责任追究。对决策执行不力、工作落实不到位，领导督促检查工作不力，不按要求报告贯彻落实情况，不认真纠正整改存在的问题，妨碍、干扰、阻挠督促检查工作正常开展，打击、报复、陷害反映问题的干部群众，以及督促检查工作人员失职失责的，依据《中国共产党问责条例》《中国共产党纪律处分条例》等有关规定严肃问责。

总起来说，坚持和加强党的全面领导，最重要的是坚决维护党中央权威和集中统一领导；坚决维护党中央权威和集中统一领导，最关键的是坚决维护习近平总书记党中央的核心、全党的核心地位。要做到"两个维护"，最重要的前提是深刻领悟"两个确立"。所以说，坚持和加强党的全面领导、领悟"两个确立"、完善"两个维护"制度体系，在理论和实践上是层层递进的关系。只有切实贯彻好民主集中制，大力提升党员领导干部政治能力，不断建立完善保障"两个维护"制度机制，才能不断提高党的政治建设科学化水平，才能使广大党员干部在思想上高度领悟"两个确立"，在行动上坚决做到"两个维护"，自觉坚持党中央集中统一领导。

第二节　淬炼自我革命锐利思想武器

中国共产党之所以能够持之以恒地推进自我革命，一个重要原因就是我们拥有强大的思想武器，有马克思主义，有马克思主义中国化时代化的指导。重庆解放前夕，关押在渣滓洞、白公馆的革命先烈们在牺牲前总结革命的经验和教训，其中包括"狱中八条"："一、防止领导成员腐化；二、加强党内教育和实际斗争的锻炼；三、不要理想主义，对上级也不要迷信；四、注意路线问题，不要从右跳到'左'；五、切勿轻视敌人；六、重视党员特别是领导干部的经济、恋爱和生活作风问题；七、严格进行整党整风；八、惩办叛徒、特务。"① 2018 年全国两会期间，习近平总书记在参加重庆代表团审议时，将"狱中八条"一一读了出来。"狱中八条"警示我们，要重视经常性教育。坚定理想信念是思想建设的首要任务。

一、中国共产党能、中国特色社会主义好，归根到底是因为马克思主义行

2021 年，在庆祝中国共产党成立 100 周年大会上的讲话中，习近平总书记指出："中国共产党为什么能，中国特色社会主义为什么好，

---

① 郝永平、黄相怀：《天下为公：中国共产党与新时代中国特色社会主义》，人民出版社 2018 年版，第 266 页。

归根到底是因为马克思主义行!"① 党的十九届六中全会通过的《中共中央关于党的百年奋斗重大成就和历史经验的决议》指出:"马克思主义的科学性和真理性在中国得到充分检验,马克思主义的人民性和实践性在中国得到充分贯彻,马克思主义的开放性和时代性在中国得到充分彰显。"② 习近平总书记在省部级主要领导干部学习贯彻党的十九届六中全会精神专题研讨班开班式上发表重要讲话强调:"中国共产党为什么能,中国特色社会主义为什么好,归根到底是因为马克思主义行。马克思主义之所以行,就在于党不断推进马克思主义中国化时代化并用以指导实践。"③ 马克思主义的作用体现在以下方面:

(一) 马克思主义是信仰,为民族复兴点燃思想火炬

马克思主义让中华民族复兴伟业有了明确的方向。在那个风雨如晦的年代,在那个半殖民地半封建社会的黑暗岁月,中华民族遭受了前所未有的劫难。中国人民奋起反抗,仁人志士奔走呐喊,试图寻找改变现状、拯救民族危亡的出路。太平天国运动、戊戌变法、义和团运动、辛亥革命接连而起,各种救国方案轮番出台却又接连碰壁,都以失败而告终。十月革命一声炮响,给中国送来了马克思列宁主义。这一理论犹如壮丽的日出,照亮了中国人民探索历史规律和寻求自身解放的道路。正如瞿秋白所说:"听着俄国旧社会崩裂的声浪,真是空谷足音,不由得不动心。"④ 在马克思列宁主义同中国工人运动的紧

---

① 习近平:《在庆祝中国共产党成立100周年大会上的讲话》,人民出版社2021年版,第13页。

②《中共中央关于党的百年奋斗重大成就和历史经验的决议》,《人民日报》2021年11月17日。

③《继续把党史总结学习教育宣传引向深入　更好把握和运用党的百年奋斗历史经验》,《人民日报》2022年1月12日。

④ 马先睿:《〈星期评论〉与马克思主义在中国的早期传播》,人民出版社2019年版,第231页。

密结合中，中国共产党应运而生。这个以马克思主义为指导、勇担民族复兴历史大任、必将带领中国人民创造人间奇迹的马克思主义政党，高举思想火炬，带领中国人民和中华民族走向伟大觉醒，民族复兴伟业有了明确的方向。

马克思主义使中华民族在精神上从被动走向主动。毛泽东同志在《唯心历史观的破产》中指出："自从中国人学会了马克思列宁主义以后，中国人在精神上就由被动转入主动。从这时起，近代世界历史上那种看不起中国人，看不起中国文化的时代应当完结了。"[1] 博大精深的马克思主义追求的是最宏伟的使命：为人类求解放。在近代中国最危急的时刻，中国共产党选择了马克思列宁主义，用马克思主义真理力量激活了中华民族历经几千年创造的伟大文明，使中华文明再次迸发出强大精神力量。中国共产党没有辜负马克思主义，中国共产党深刻改变了近代以后中华民族发展的方向和进程，深刻改变了中国人民和中华民族的前途和命运，深刻改变了世界发展的趋势和格局。马克思主义也没有辜负中国人民和中国共产党，马克思主义深刻影响了中国人民和中国共产党，深刻改变了世界历史发展的格局，深刻改写了社会主义与资本主义的力量对比。

（二）马克思主义是我们立党立国的根本指导思想，是我们党的灵魂和旗帜

我们站在人类思想史上巍然矗立的思想高峰。习近平总书记指出："中国共产党之所以能够完成近代以来各种政治力量不可能完成

---

[1] 中共中央文献研究室编：《毛泽东思想年编：1921～1975》，中央文献出版社 2011 年版，第 676 页。

的艰巨任务，就在于始终把马克思主义这一科学理论作为自己的行动指南，并坚持在实践中不断丰富和发展马克思主义。"① 百年来，中国共产党坚持把马克思主义基本原理同中国具体实际相结合、同中华优秀传统文化相结合，不断推进马克思主义中国化时代化。中华民族迎来从站起来、富起来到强起来的伟大飞跃，中国人民意气风发向着全面建成社会主义现代化强国的第二个百年奋斗目标迈进，证明了一条颠扑不破的真理：一个民族要走在时代前列，就一刻不能没有理论思维，一刻不能没有思想指引；只有马克思主义才能救中国，只有发展马克思主义，才能更好地指导新时代中国特色社会主义。占据着真理和道义制高点的马克思主义，揭示了人类社会发展一般规律和资本主义运行特殊规律，指明了社会主义必然代替资本主义，这使我们对未来有着无比强大的信心。今天，我们依然处在马克思主义所指明的历史时代，中国共产党团结带领中国人民，运用马克思主义这一强大思想武器认识世界、改造世界，中国特色社会主义焕发出勃勃生机。

马克思主义深刻改变了中国，中国也极大丰富了马克思主义。在人类思想史上，就科学性、真理性、影响力、传播面而言，没有一种思想理论能达到马克思主义的高度，也没有一种学说能像马克思主义那样对世界产生了如此巨大的影响，并如此深刻地改变着中国和世界。有人问：为什么马克思主义在西方开花，却在中国结出果实？艾思奇就此做过精辟论述："中国民族和它的优秀传统中本来早就有着马克思主义的种子。马克思主义是科学的共产主义，而共产主义社会，曾是中国历史上一切伟大思想家所共有的理想……中国的马克思

---

① 习近平：《在庆祝中国共产党成立 95 周年大会上的讲话》，人民出版社 2016 年版，第 8 页。

主义，就是以马克思的科学共产主义的理论为滋养料，而从中国民族自己的共产主义的种子中成长起来的。"① 马克思主义深刻改变中国的实践进程，融合了 5000 多年中华文明的精神风骨，契合了中华民族近代以来发展的历史选择。依靠马克思主义，中国共产党在思想上找到了正确方向；依靠中国共产党，马克思主义得以扎根于中华文化土壤，不断壮大着改变中国与影响世界的力量。习近平总书记指出："实践证明，马克思主义的命运早已同中国共产党的命运、中国人民的命运、中华民族的命运紧紧连在一起，它的科学性和真理性在中国得到了充分检验，它的人民性和实践性在中国得到了充分贯彻，它的开放性和时代性在中国得到了充分彰显！"② 马克思主义指引中国成功走上了全面建设社会主义现代化国家的康庄大道，中国共产党作为马克思主义的忠诚信奉者、坚定实践者，正在为坚持和发展马克思主义执着努力。

（三）马克思主义是科学的世界观和方法论，中国特色社会主义是马克思主义基本原理与当代中国实际相结合的产物

以马克思主义为指导，坚持走中国特色社会主义道路。习近平总书记指出："走自己的路，是党的全部理论和实践立足点，更是党百年奋斗得出的历史结论。"③ 改革开放以来，我们坚持以马克思主义为指导，坚持走自己的路，开创、坚持、捍卫、发展中国特色社会主义。中国特色社会主义是党和人民历经千辛万苦、付出巨大代价取得

① 艾思奇：《艾思奇全书》（第 2 卷），人民出版社 2006 年版，第 683 页。
② 习近平：《在纪念马克思诞辰 200 周年大会上的讲话》，人民出版社 2018 年版，第 14 页。
③ 习近平：《在庆祝中国共产党成立 100 周年大会上的讲话》，人民出版社 2021 年版，第 13 页。

的根本成就，是实现中华民族伟大复兴的正确道路。历史是一面镜子，也是一本深刻的教科书。与一百年前衰败凋零的景象相比，今天的中国一派欣欣向荣的景象，根本原因就在于我们坚持走中国特色社会主义道路，而不是别的道路。

以马克思主义为指导，形成中国特色社会主义理论体系。中国共产党坚持用中国话语把马克思主义真理转化为科学信仰，用中国表达把马克思主义转化为行动自觉，不断推进马克思主义中国化时代化，以马克思主义的世界观方法论深化对共产党执政规律、社会主义建设规律、人类社会发展规律的认识。改革开放以来，我们党立足中国国情，回应时代关切，总结实践经验，不断推进实践基础上的理论创新，形成了一系列重大理论成果，指导中国人民不断推进伟大社会革命。特别是习近平新时代中国特色社会主义思想，系统回答了新时代坚持和发展什么样的中国特色社会主义、怎样坚持和发展中国特色社会主义这个重大时代课题，是全党全国人民为实现中华民族伟大复兴而奋斗的行动指南。

以马克思主义为指导，创立中国特色社会主义制度。中国共产党坚持以马克思主义为指导推进制度改革，坚持以马克思主义国家学说进行制度完善，强调制度的发展和完善既不能背离社会主义国家的性质和人民民主专政的国体的要求，也不能因循守旧，对阻碍经济社会发展的旧制度和体制不敢进行改革。实践证明，中国特色社会主义制度和国家治理体系是以马克思主义为指导、植根中国大地、具有深厚中华文化根基、深得人民拥护的制度和治理体系。坚持以马克思主义为指导，坚持和完善中国特色社会主义制度，就要坚持党的领导、人民当家作主、依法治国有机统一，坚持解放思想、实事求是，坚持改革创新，突出坚持和完善支撑中国特色社会主义制度的根本制度、基本制度、重要制度，着力固根基、扬优势、补短板、强弱项，构建系统完备、科学规范、运行有效的制度体系，等等。

以马克思主义为指导，发展中国特色社会主义文化。"求木之长者，必固其根本；欲流之远者，必浚其泉源。"① 在世界文明百花园中独树一帜的中国特色社会主义文化，源自中华民族五千多年文明历史所孕育的中华优秀传统文化，熔铸于党领导人民在革命、建设、改革中创造的革命文化和社会主义先进文化，植根于中国特色社会主义伟大实践。在新征程中，必须以马克思主义的宽广视野，放眼千秋伟业，锚定中国特色社会主义文化的"精神坐标"，夯实文化自信的根基，锻造文化自信的生命力，不断激活中华民族五千多年的文化基因，打造更多的精神高地，增强文化自觉，坚定文化自信，激发全民族文化创新创造活力，多彩呈现人类文明新形态。

（四）以马克思主义观察时代、把握时代、引领时代

一部马克思主义中国化的历史，就是一部用发展着的马克思主义指导新实践的历史。只有不断推进马克思主义中国化时代化，才能使中华民族以崭新姿态屹立于世界东方。在人类思想长河中，真正的智慧越是经历岁月的淘洗就越是光芒万丈，越是经过实践的检验就越能彰显出真理的力量。伟大的真理智慧总是向未来无限开放，始终立于时代潮头，指引着人们破坏一个旧世界、建立一个新世界；伟大思想往往是跨越时空，历久弥新，而不是思想史上的绝唱。马克思当年就

---

① 《习近平谈治国理政》第 1 卷，外文出版社 2018 年版，第 356 页。

明确宣布，"我不主张我们竖起任何教条主义的旗帜"①，"我们不是以空论家的姿态，手中拿了一套现成的新原理向世界喝道：真理在这里，向它跪拜吧"②！我们既要看到马克思主义的真理性，又要在中国的具体实践中不断推进马克思主义中国化时代化。我们党正是靠着与时俱进的科学理论洞察时代大势、国际变局，把握历史主动，回应人民期待。

二、"两个决不会"与"三个为什么"

2013 年 12 月 3 日，习近平总书记在主持十八届中央政治局第十一次集体学习时特别谈到"两个决不会"。习近平总书记指出："这里还要说到马克思提出的'两个决不会'，马克思说：'无论哪一个社会形态，在它所能容纳的全部生产力发挥出来以前，是决不会灭亡的；而新的更高的生产关系，在它的物质存在条件在旧社会的胎胞里成熟以前，是决不会出现的。'马克思的这一重要论点，可以帮助我们理解为什么资本主义至今没有完全消亡，为什么社会主义还会出现苏联解体、东欧剧变那样的曲折，为什么马克思主义预见的共产主义还需要经过很长的历史发展才能实现。学懂了这一认识和研究社会历史发展的科学世界观和方法论，我们就能坚定理想的主心骨、筑牢信念的压舱石，保持强大的战略定力。"③ 保持强大战略定力的来源之一就是准确掌握"两个决不会"的原理。

---

① 《马克思恩格斯全集》第 1 卷，人民出版社 1956 年版，第 416 页。
② 《马克思恩格斯全集》第 1 卷，人民出版社 1956 年版，第 418 页。
③ 习近平：《坚持历史唯物主义不断开辟当代中国马克思主义发展新境界》，《求是》2020 年第 2 期。

　　"两个决不会"之所以能够使我们保持强大战略定力，原因在于：第一，社会主义的社会形态是高于资本主义的社会形态，无论历史多么曲折，生产力等物质条件的生长都会使社会主义成长壮大。社会主义是以资本主义创造的生产力为基础的，是具有无限生机活力的社会形态，资本主义生产力越发展，社会主义社会形态的基础越强大。第二，社会形态越向前演进，越先进的社会形态代替前一个社会形态的时间越短，社会主义最终战胜资本主义的时间将会短于任何其他社会形态相互替代的时间。也就是说，人类社会形态的演进是呈加速度的，奴隶制社会代替原始社会经历了 4000 年以上的历史，封建社会代替奴隶制社会经历了 3000 年的历史，资本主义社会代替封建社会经历了 500 多年的历史，社会主义社会代替资本主义社会经历的时间将会更短。第三，中国的社会主义经历了 70 多年的发展已经积累了强大的物质基础，其物质存在条件越来越深厚。中国不仅 GDP 总量在 2021 年达到 114 万亿人民币的规模，而且形成了独立完整的现代工业体系，是全世界唯一拥有联合国产业分类中所列全部工业门类的国家；中国不仅有雄厚的基础设施，包括交通基础设施、电力基础设施、水利基础设施等，而且重大科技创新成果竞相涌现，在一些前沿方向开始进入并行、领跑阶段，科技实力正处于从量的积累向质的飞跃、点的突破向系统能力提升的重要时期。这些物质存在条件为巩固和发展社会主义、为中国特色社会主义事业的发展提供了稳固的基础保障。

第三节 丰富自我革命有效途径

一、落实中央八项规定精神

2012 年 12 月 4 日，中共中央政治局审议通过了《关于改进工作作风、密切联系群众的八项规定》。其主要内容包括八个方面：

第一，要改进调查研究，到基层调研要深入了解真实情况，总结经验、研究问题、解决困难、指导工作，向群众学习、向实践学习，多同群众座谈，多同干部谈心，多商量讨论，多解剖典型，多到困难和矛盾集中、群众意见多的地方去，切忌走过场、搞形式主义；要轻车简从、减少陪同、简化接待，不张贴悬挂标语横幅，不安排群众迎送，不铺设迎宾地毯，不摆放花草，不安排宴请。

第二，要精简会议活动，切实改进会风，严格控制以中央名义召开的各类全国性会议和举行的重大活动，不开泛泛部署工作和提要求的会，未经中央批准一律不出席各类剪彩、奠基活动和庆祝会、纪念会、表彰会、博览会、研讨会及各类论坛；提高会议实效，开短会、讲短话，力戒空话、套话。

第三，要精简文件简报，切实改进文风，没有实质内容、可发可不发的文件、简报一律不发。

第四，要规范出访活动，从外交工作大局需要出发合理安排出访活动，严格控制出访随行人员，严格按照规定乘坐交通工具，一般不安排中资机构、华侨华人、留学生代表等到机场迎送。

第五，要改进警卫工作，坚持有利于联系群众的原则，减少交通管制，一般情况下不得封路、不清场闭馆。

第六，要改进新闻报道，中央政治局同志出席会议和活动应根据工作需要、新闻价值、社会效果决定是否报道，进一步压缩报道的数量、字数、时长。

第七，要严格文稿发表，除中央统一安排外，个人不公开出版著作、讲话单行本，不发贺信、贺电，不题词、题字。

第八，要厉行勤俭节约，严格遵守廉洁从政有关规定，严格执行住房、车辆配备等有关工作和生活待遇的规定。

2017 年 10 月 27 日，党的十九大闭幕第三天，习近平总书记主持召开十九届中央政治局第一次会议，审议通过《中共中央政治局贯彻落实中央八项规定实施细则》，对改进调查研究、精简会议活动、精简文件简报、规范出访活动、改进新闻报道、厉行勤俭节约等方面内容作了进一步规范、细化和完善。

无论是 2012 年的《关于改进工作作风、密切联系群众的八项规定》，还是 2017 年的《中共中央政治局贯彻落实中央八项规定实施细则》，都反映了我们党是从自我革命的政治高度认识和推进作风建设的，是从不断保持党的先进性和纯洁性的高度来认识这一问题的。

通过一系列集中教育活动，解决了党内存在的诸多作风问题。从 2013 年 6 月开始，在全党开展以为民务实清廉为主要内容的党的群众路线教育实践活动。2014 年 10 月，在党的群众路线教育实践活动总结大会上的讲话中，习近平总书记指出："形式主义、官僚主义、享乐主义和奢靡之风得到有力整治，群众反映强烈的突出问题得到有效解决。"① 他还指出："这次活动就以解决问题开局亮相、以正风肃纪先声夺人、以专项整治寻求突破，对'四风'问题进行大排查、大检修、大扫除，刹住了'四风'蔓延势头。从上到下、各个领域都压缩了会议、精简了文件，减少了评比达标、迎来送往活动，全面清理了超标超配公车、超标办公用房、多占住房，普遍压缩了'三公'经费、停建了楼堂馆所，狠刹了公款送月饼、贺卡、节礼和年货等行为，坚决整治了'会所中的歪风'、培训中心的腐败，坚决整治了'裸官'、'走读'、'吃空饷'、'收红包'及购物卡、参加天价培训、党政领导干部在企业兼职等问题，广泛查处了吃拿卡要、庸懒散拖问题，高高在上、挥霍浪费、脱离群众现象明显扭转，党风、政风和社会风气为之一新。"② 党的十九大作出一项重大决策，就是在全党开展"不忘初心、牢记使命"主题教育。这次主题教育是新时代深化党的自我革命、推动全面从严治党向纵深发展的生动实践，把反对形式主义、官僚主义作为突出要求，总结推广一批整治形式主义官僚主义、为基层减负的好经验好做法，通报曝光一批形式主义、官僚主义的典型案例，把基层干部干事创业的手脚从形式主义的束缚中解脱出来，防止重"形"不重"效"，把工作做扎实、做到位，真刀真枪解决了党内存在的一些突出问题。

通过一系列制度查处违反中央八项规定精神问题。中央八项规定出台八个多月后，中央纪委建立落实中央八项规定精神情况月报制度。首次公布的数据显示，自八项规定实施至 2013 年 9 月 30 日，各

① 习近平：《在党的群众路线教育实践活动总结大会上的讲话》，人民出版社 2014 年版，第 3 页。
② 习近平：《在党的群众路线教育实践活动总结大会上的讲话》，人民出版社 2014 年版，第 3 页。

省（区、市）和新疆生产建设兵团共查处违反中央八项规定精神问题14839 起，处理 16699 人，给予党纪政纪处分 3721 人，查处的问题涉及楼堂馆所违规、公款大吃大喝、违反公务用车管理使用有关规定、公款旅游（国内）、公款出国（境）旅游、大操大办婚丧喜庆、其他7 个方面。此后，月月公布查处数据、重要节点通报典型案例，成为常态。2022 年 1 月 27 日，中央纪委国家监委公布了 2021 年 12 月全国查处违反中央八项规定精神问题数据。这是自 2013 年首次公布月报数据以来，中央纪委国家监委连续第 100 个月公布月报数据。

二、 以严明纪律整饬作风

我们党是靠革命理想和铁的纪律组织起来的马克思主义政党，纪律严明是党的光荣传统和独特优势。党面临的形势越复杂、肩负的任务越艰巨，就越要加强纪律建设，越要维护党的团结统一，确保全党统一意志、统一行动、步调一致前进。

严明党的纪律，首要的就是严明政治纪律。严明政治纪律就要从遵守和维护党章入手。遵守党的政治纪律，最核心的就是坚持党的领导，坚持党的基本理论、基本路线、基本方略，同党中央保持高度一致，自觉维护中央权威。在指导思想和路线方针政策以及关系全局的重大原则问题上，全党必须在思想上政治上行动上同党中央保持高度一致。

要防止党成为想来就来、想走就走的"自由俱乐部""大车店"。现代政党就是为了共同的政治目标而组成的政治组织，必须有政治上的规矩来维护本党目标的实现。一个政党如果没有政治纪律约束，就是一群乌合之众，就会很快分崩离析。如果我们党的政治纪律成为摆设，就会形成"破窗效应"，使党的章程、原则、制度、部署丧失严肃性和权威性，党就会沦为各取所需、自行其是的"私人俱乐部"，就会失去战斗力，党的政治理想和政治目标也就无从谈起。

要防止和克服地方和部门保护主义、本位主义，决不允许"上有政策、下有对策"，决不允许有令不行、有禁不止，决不允许在贯彻执行中央决策部署上打折扣、做选择、搞变通。每一个共产党员特别是领导干部都要牢固树立党章意识，自觉用党章规范自己的一言一行，在任何情况下都要做到政治信仰不变、政治立场不移、政治方向不偏。党的各级组织要自觉担负起执行和维护政治纪律的责任，加强对党员遵守政治纪律的教育。党的各级纪律检察机关要把维护党的政治纪律放在首位，加强对政治纪律执行情况的监督检查。

严明党的组织纪律。党的力量来自组织，组织能使力量倍增。加强组织纪律性必须增强党性。党性说到底就是立场问题。我们共产党人特别是领导干部都应该心胸开阔、志存高远，始终心系党、心系人民、心系国家，自觉坚持党性原则。全党同志要强化党的意识，牢记自己的第一身份是共产党员，第一职责是为党工作，做到忠诚于组织，任何时候都与党同心同德。全党同志要强化组织意识，时刻想到自己是党的人，是组织的一员，时刻不忘自己应尽的义务和责任，相信组织、依靠组织、服从组织，自觉接受组织安排和纪律约束，自觉维护党的团结统一。

通过纪律建设，实现党员干部的作风要实。不搞花架子，要追求实实在在的结果。参观过俄罗斯克里姆林宫的人都会记得炮王和钟王。炮王建造于1586年，距今已有400多年的历史，重达40吨，炮口直径0.92米。炮前有4个炮弹，每个炮弹重2吨。炮架上有极为精美的浮雕，有沙皇费多尔的像。由于太重太大，此炮从未使用过。钟王是1733—1735年由俄罗斯著名铸钟大师马托林父子铸造的，重200多吨，因为太重，无法悬挂于任何钟楼之上，所以铸成到现在从未敲响过。炮王从未使用过，钟王从未敲响过，我们要警惕这种华而不实的现象。

三、拥护"两个确立"、做到"两个维护"的要求

"两个确立"是我们党的重大政治成果，是历史的选择、时代的选择、人民的选择。"两个确立"与"两个维护"紧密相连、不可分割。

完善落实"两个维护"的制度，把"两个维护"体现到各项制度规定中。"两个维护"的制度包括三个主要方面：一是思想维护制度，切实用习近平新时代中国特色社会主义思想统一思想、统一意志、统一行动，做到赤诚而执着、至信而深厚；二是政治维护制度，将落实"两个维护"作为党员干部应有的政治信念、政治忠诚、政治立场、政治态度，不断增强做到"两个维护"的政治定力和政治能力；三是行动维护制度，"两个维护"是具体的，要在斗争实践中经风雨、见世面、长才干、壮筋骨，以自觉的行动坚决做到"两个维护"。

纠正在落实"两个维护"过程中的一些错误倾向。第一，要警惕在落实"两个维护"中存在的平淡化、庸俗化倾向，反对"低级红""高级黑"。《关于新形势下党内政治生活的若干准则》特别强调："党内不准搞拉拉扯扯、吹吹拍拍、阿谀奉承。对领导人的宣传要实

事求是，禁止吹捧。"① 要警惕"两面人""两面派"将领导人关于某项工作的论述通过妄诞浮夸、露骨肉麻的语言进行无限拔高、刻意赞颂。无原则、无下限地奉承吹捧、歌功颂德不利于领导人可亲、可近、可信形象的构建，也不利于领导人权威的树立。第二，坚决做到"两个维护"并不意味着党员干部对中央的决策不能提出任何意见和建议。《党章》明确规定，党员对党的决议和政策如有不同意见，可以把自己的意见向党的上级组织直至中央提出。第三，要反对打着"集中"的旗号，对"两个维护"搞层层套用、随意延伸的倾向。"两个维护"的内涵非常明确，维护习近平总书记核心地位，维护的对象是习近平总书记而不是其他的什么人；维护党中央权威和集中统一领导，维护的对象是党中央而不是其他的什么组织。任何人不得以落实民主集中制为名在其主政的地方或部门自立"核心"、自诩"权威"。任何形式的"集中"都必须把"两个维护"作为前置性要件，坚决防范形成大大小小的各种"独立王国"。

第四节　打好自我革命攻坚战、持久战

党的十九届六中全会通过的《中共中央关于党的百年奋斗重大成就和历史经验的决议》指出："党中央强调，腐败是党长期执政的最大威胁，反腐败是一场输不起也决不能输的重大政治斗争，不得罪成

---

① 人民出版社编：《十八大以来廉政新规定（2021年版）》，人民出版社2021年版，第85页。

百上千的腐败分子，就要得罪十四亿人民，必须把权力关进制度的笼子里，依纪依法设定权力、规范权力、制约权力、监督权力。"① 我们党把反腐败作为重大政治斗争，将腐败作为长期执政的最大威胁、作为自我革命的最明确对象，以雷霆万钧之势反腐惩恶，以疾风暴雨之势扫除丑恶，赢得中华大地朗朗乾坤的奇迹，赢得中国历史上少有的政治清明的奇迹。

一、 构建不敢腐、 不能腐、 不想腐的体制机制， 打好自我革命攻坚战

党的十八大以来，我们党坚持不敢腐、不能腐、不想腐一体推进，惩治震慑、制度约束、提高觉悟一体发力，确保党和人民赋予的权力始终用来为人民谋幸福。坚持无禁区、全覆盖、零容忍，坚持重遏制、强高压、长震慑，坚持受贿行贿一起查，坚持有案必查、有腐必惩，以猛药去疴、重典治乱的决心，以刮骨疗毒、壮士断腕的勇气，坚定不移"打虎""拍蝇""猎狐"。

构建起不敢腐的体制机制，猛药去疴，使惩治震慑发挥出强大威力。这个方面，中央巡视制度发挥出了极为重要的作用。党的十八大以来，以习近平同志为核心的党中央高度重视巡视工作，习近平总书记多次发表重要讲话，对加强和改进巡视工作提出要求。中央和各省（区、市）党委聚焦党风廉政建设和反腐败斗争，发挥巡视制度的利剑作用，发现问题，形成震慑，为推进全面从严治党、推动党的先进

①《中共中央关于党的百年奋斗重大成就和历史经验的决议》，《人民日报》2021 年 11 月 17 日。

性和纯洁性建设发挥了重要作用。2015 年 8 月，党中央在总结巡视工作经验的基础上，根据巡视工作的新要求，对《中国共产党巡视工作条例（试行）》进行了修订。修订后的《中国共产党巡视工作条例》，成为巡视制度的基础性文件，为新时期党的巡视工作提供了基本遵循。2017 年 10 月，党的十九大报告就巡视工作进行了总结，提出了要求，并在五年工作总结部分明确指出：“巡视利剑作用彰显，实现中央和省级党委巡视全覆盖。”① 2018 年初，党中央制定了《中央巡视工作规划（2018—2022 年）》，确定了十九届中央巡视工作的“路线图”，要求贯彻巡视工作方针，坚守职能定位，使巡视制度更加科学、更加严密、更加有效。这一制度威力强大。2017 年 9 月 29 日，《人民日报》刊发《党的十八大以来中央巡视工作综述》长篇文章，对党的十八大到十九大之间五年中央巡视制度的作用进行了总结：中央巡视组共开展 12 轮巡视，巡视了 277 个党组织，对 16 个省区市开展“回头看”，对 4 个中央单位开展了“机动式”巡视；各省区市党委共组织巡视了 8362 个党组织；中央军委组织开展 13 批次巡视，完成了对军委管理的党组织的常规巡视全覆盖和回访巡视全覆盖，并开展 3 批次专项“机动式”巡视。中央纪委立案审查的中管干部案件中，超过 60 ％的问题线索来自巡视。根据巡视发现的问题线索，严肃查处孙政才、苏荣、周本顺、王珉、白恩培、王三运、黄兴国、卢恩光等严重违纪案件，以及山西系统性、塌方式腐败案，湖南衡阳破坏选举案，四川南充拉票贿选案，辽宁拉票贿选案等重大案件，形成极大震慑和警示。在中央巡视的示范带动下，各省区市党委巡视组发现

反映领导干部问题线索 5.8 万余件，推动纪检监察机关对 1225 名厅局级、8684 名县处级干部立案审查。① 这篇文章告诉我们，中央巡视制度发挥出的制度作用特别突出。党的十九大以来，中央巡视制度更加完善，威力更是强大。

构建起不能腐的体制机制，重典治乱，使制度约束发挥出真正作用。这个方面，我们的体制机制建构日益完善，特别突出的就是个人事项申报制度。2015 年 6 月 15 日，在中央纪委关于国家工商总局原副局长、党组成员孙鸿志和中国石油天然气集团公司原总经理廖永远违纪违法的通报中，首次出现了"严重违反组织纪律，隐瞒不报个人有关事项"的表述。"隐瞒不报个人有关事项"已经成为很多官员落马的重要原因，这说明个人有关事项申报制度的威力在发挥。个人有关事项申报是领导干部应尽的义务，是党的规矩；如果没有对党员个人事项的了解和掌握，那么所谓的对党员的监督和管理就是镜中月、水中花。为了使个人事项申报规范化、权威化，2017 年初，《领导干部报告个人有关事项规定》《领导干部个人有关事项报告查核结果处理办法》同步出台。《规定》《办法》坚持突出重点，力求精准科学，强化监督约束，对报告主体、内容、抽查核实及结果处理等作出改进完善，中国特色领导干部个人有关事项报告制度已经基本上成熟。

构建起不想腐的体制机制，理想高扬，使提高觉悟发挥出内在作用。这个方面，我们通过各种教育学习活动来涵养崇高理想信念。我们教育党员干部：为共产主义奋斗是无比壮丽的事业，历史的车轮向着共产主义转动。1933 年 12 月，曾经担任过共产国际执行委员会主

①《党的十八大以来中央巡视工作综述》，《人民日报》2017 年 9 月 29 日。

席的季米特洛夫在德国法西斯设于莱比锡的审判法庭上，发表了《在国会纵火案审讯时的演说》。这一演说代表了共产党人的特殊品格。季米特洛夫讲："伽利略被惩处时，他宣布：'地球仍然转动着！'具有与老伽利略同样决心的我们共产党人今天宣布：'地球仍然转动着！'历史的车轮向着共产主义这个不可避免的、不可压倒的最终目标转动着……"① 我们的党员干部认识到：在为共产主义奋斗中实现了自己的人生。20 世纪 30 年代，埃德加·斯诺在延安发现："一个共产党人是能够说出他的青少年时代所发生的一切的，但是一旦他成为红军的一员以后，他就把自己抛在了一边了；如果你不重复地问他，就不会再听到关于他自己的事情，而只听到关于红军、苏维埃或党的故事。他们能够滔滔不绝地谈每次战斗的日期和情况，以及千百个他们来往经过但别人从未听说过的地名；但是这些事件对他们之所以有意义，似乎只是因为他们作为集体而不是作为个人在那里创造了历史。"② 可以说，为理想而奋斗是共产主义者的天职。1938 年 4 月 12 日，张闻天在陕北公学所作的演讲的题目就是：要为自己的理想奋斗到底。他说："不论在任何困难之下，坚持自己的理想，坚持为自己理想的实现而奋斗，是绝对必要的。"③ 他又说："当然，今天我们离我们的理想还很远，然而我们总是在一天一天接近着自己的理想。"④ 一旦失去了崇高的理想，就会产生各种不良行为，"理想理想，有利就想；前途前途，有钱就图"⑤；出路便是："政治是虚的，理想是远

---

① 朱庭光主编：《世界历史名人谱·现代卷》，人民出版社 1998 年版，第 204 页。
②《毛泽东一九三六年同斯诺的谈话》，人民出版社 1979 年版，第 2 页。
③《张闻天选集》编辑组：《张闻天选集》，人民出版社 1985 年版，第 166 页。
④《张闻天选集》编辑组：《张闻天选集》，人民出版社 1985 年版，第 170 页。
⑤ 郑永扣、潘中伟、寇东亮、魏长领：《共产党员理想信念论》，人民出版社 2014 年版，第 123 页。

的，权力是硬的，票子是实的；要去掉虚的，扔掉远的，抓住硬的，捞到实的"①。党的十八大以来我们党的历次教育活动都把理想信念放到突出位置来看待。2015 年 4 月 10 日，中共中央办公厅印发《关于在县处级以上领导干部中开展"三严三实"专题教育方案》。从 2015 年 4 月底开始，"三严三实"专题教育在全党展开。2015 年 12 月 28 日至 29 日，十八届中央政治局召开专题民主生活会。会上，习近平总书记就中央政治局当好"三严三实"表率提出四点要求，其中特别重要的一点就是理想信念培育："在中央政治局的位置上工作，必须坚持坚定正确的政治方向，有坚定的马克思主义信仰、坚定的社会主义和共产主义信念，并为这种理想信念矢志不渝奋斗，无论遇到什么困难和挫折都不动摇或背离理想信念。"②

二、构建党统一领导、全面覆盖、权威高效的监督体系，打好自我革命持久战

2018 年初，习近平总书记在十九届中央纪委二次全会上的重要讲话中明确指出："自我监督是世界性难题，是国家治理的哥德巴赫猜想。我们要通过行动回答'窑洞之问'，练就中国共产党人自我净化的'绝世武功'。"③ 为什么自我监督是国家治理的哥德巴赫猜想？自我监督之所以难，从根本上讲就难在人类历史上的绝大部分政党、统

① 郑永扣、潘中伟、寇东亮、魏长领：《共产党员理想信念论》，人民出版社 2014 年版，第 123 页。
② 《中共中央政治局召开专题民主生活会 对照检查践行"三严三实"情况 讨论研究加强党风廉政建设措施 中共中央总书记习近平主持会议并发表重要讲话》，《人民日报》2015 年 12 月 30 日。
③ 《习近平谈治国理政》第 3 卷，外文出版社 2020 年版，第 511 页。

治集团，都只是为自己的政党、统治集团的利益服务的。这些政党和统治集团往往眼中只有一党、一集团之私利，执政、行政只是为了维护一党、一集团之私利，自我监督则流于形式。从中国近代历史看，"辛亥革命后，具有政党性质的政团多达 300 余个，各种政治主张'你方唱罢我登场'，各种政治力量反复较量，但中国依然是山河破碎、积贫积弱，列强依然在中国横行霸道，中国人民依然生活在苦难和屈辱之中"①。这些政党之所以不能承担起历史重任，是因为这些政党都是私人利益的大杂烩，对各种腐败行径根本无法进行制约。当年，梁漱溟的父亲梁济在他的《伏卵录》中有一段生动的记载：在前门火车站，每当召开国会期间，各省的议员纷纷下火车的时候，各个政党工作人员就会在火车站前树立起本党招待处的招牌，在那里像"摆测字摊"一样，竭力拉刚下火车的议员们住到本党安排的招待所中去。用梁济的话来说，各党拉扯议员的样子，就像"上海妓女在街头拉客人"一样。那些议员们前呼后拥地先住到甲党招待所，得到各种好处与红包，承诺投该党的票，然后到乙党招待所住下，同样再得到好处费，并答应投该党的票；拿到所有的好处后，最后投的是自己的票。从世界范围看，"世界上那么多执政党，有几个敢像我们党这样大规模、大力度、坚持不懈反腐败？有些人吹捧西方多党轮流执政、'三权鼎立'那一套，不相信我们党能够刀刃向内、自剜腐肉。中国共产党勇于自我革命的实践给了他们响亮有力的回答"②。回答之所以响亮，根本原因在于我们构建了党统一领导、全面覆盖、权威高效的监督体系。

---

① 习近平：《以史为鉴、开创未来　埋头苦干、勇毅前行》，《求是》2022 年第 1 期。
② 习近平：《以史为鉴、开创未来　埋头苦干、勇毅前行》，《求是》2022 年第 1 期。

　　监督必须坚持党的统一领导，从党内监督抓起。全党要深刻认识到，党内监督是永葆党的肌体健康的生命之源，要不断增强向体内病灶开刀的自觉性，使积极开展监督、主动接受监督成为全党的自觉行动。一个时期以来，党内存在的突出问题，就是不愿积极主动去监督、不愿意被上级部门监督，不敢自觉去监督、不愿意被下级来监督，采取各种方式抵制监督等现象不同程度存在：监督下级怕丢"选票"，在民主测评时得不到高票；监督同级怕伤"和气"，在工作中怕不好协作，特别是担心对有实权的部门的监督会损害部门利益；监督上级怕被穿"小鞋"，担心上级会给脸色看。因此，造成一个问题：在不少地方和部门，党内监督被高高举起、轻轻放下，本来是"出出汗"的监督变成了"红红脸"的监督，"扯扯袖"的监督变成了"出出汗"的监督，很多监督成了一句口号。党内监督一旦缺位，必然会导致党的领导弱化、党的建设缺失、全面从严治党不力。在监督问题上，加强党的领导，要做好以下工作：第一，明确党内监督是全党的任务，党委（党组）负主体责任，书记是第一责任人，每一位党委常委会委员（党组成员）和党委委员在职责范围内都要履行监督职责。党组织要多了解党员、干部日常的思想、工作、作风、生活状况，多注意干部群众的反映，抓早抓小，防微杜渐。第二，党的各级领导干部一定要把监督责任扛在肩上，做到知责、尽责、负责，敢抓敢管，勇于监督，使监督的力量充分发挥出来。第三，要把党内监督体现在时时处处事事上，要体现在全链条、全过程、全方位中，敦促党员、干部按本色做人、按角色办事。"人民的勤务员"这个称呼是共产党人的准确定位，它要求我们的每一名公务人员在执行公务过程中，一切以人民的利益为重，决不能徇私枉法，要不折不扣地执行制度。同时，作为人民的勤务员，我们要用最热情的服务态度、最真诚的感情来做好每一件事情。

党的十九大提出构建集中统一、权威高效的国家监察体系，把组建国家监察委员会列在深化党中央机构改革方案第一条。为什么要构建全面覆盖、权威高效的监督体系？第一，使反腐败成效更加显著。监督形不成合力，就容易使腐败案件得不到责任追究。党的十九大以来，全国纪检监察机关收拢五指，重拳出击，使不敢腐的震慑效应充分显现，一批腐败分子投案自首，标本兼治综合效应更加凸显。第二，是推进国家治理体系和治理能力现代化的要求。通过体制机制创新，把行政监察部门、预防腐败机构和检察机关反腐败相关职责进行整合，解决了过去监察范围过窄过小、反腐败力量分散分割、纪法衔接不通不畅等问题，使反腐败资源配置得到真正优化，实现了党的监督和国家监察、党员监督和公务人员监察、依规治党和依法治国有机统一。

怎样构建全面覆盖、权威高效的监督体系？首先，建立国家监察委员会，把所有行使公权力人员纳入统一监督的范围，解决了过去党内监督和国家监察不同步、部分行使公权力人员处于监督之外的问题，实现了对公权力监督和反腐败的全覆盖、无死角。2018 年 3 月 17 日，第十三届全国人民代表大会第一次会议审议通过了国务院机构改革方案，将中华人民共和国监察部并入新组建的国家监察委员会，中华人民共和国国家预防腐败局并入国家监察委员会，不再保留监察部、国家预防腐败局。国家监察委员会的主要职责是维护党的章程和其他党内法规，检查党的路线方针政策和决议执行情况，对党员领导干部行使权力进行监督，维护宪法法律，对公职人员依法履职、秉公用权、廉洁从政以及道德操守情况进行监督检查，对涉嫌职务违法和职务犯罪的行为进行调查并作出政务处分决定，对履行职责不力、失职失责的领导人员进行问责，负责组织协调党风廉政建设和反腐败宣传等。国家监察是对公权力最直接最有效的监督，《中华人民共和国监察法》第 11 条明确规定："对公职人员开展廉政教育，对其依法履职、秉公用权、廉洁从政从业以及道德操守情况进行监督检查。"① 第二，强化党员民主监督，这是党内监督的基本方式。党员的民主监督不仅是权利，更是不容推卸的义务，是对党应尽的责任，党员有责任有义务对党的事务进行监督。基层党组织和党员要加强对党的领导干部的监督，督促其正常参加组织生活、履行党员义务。在党的会议上，党员要勇于对违反党章党规的行为提出意见，有根据地批评党的任何组织和任何党员，负责地向党反映党的任何组织和党员违纪违法的事实。各级党组织要保障党员知情权和监督权，鼓励和支持党员在党内监督中发挥积极作用，对干扰妨碍监督、打击报复监督的人要依纪严肃处理。第三，党内监督在党和国家各种监督形式中是最根本的、第一位的，同时要与不同有关国家机关监督、民主党派监督、群众监督、舆论监督、网络监督等结合起来，形成最大的监督合力。

---

① 彭勃、龚飞：《中国监察制度史》，人民出版社 2019 年版，第 424 页。

第五节　锻造敢于善于斗争、勇于自我革命
的干部队伍

要把自我革命推向前进，最重要的还是干部队伍建设。2013 年 6 月，全国组织工作会议召开。在会上，习近平总书记指出，我们党历来高度重视选贤任能，始终把选人用人作为关系党和人民事业的关键性、根本性问题来抓。好干部要做到信念坚定、为民服务、勤政务实、敢于担当、清正廉洁。党的干部必须坚定共产主义远大理想、真诚信仰马克思主义、矢志不渝为中国特色社会主义而奋斗，全心全意为人民服务，求真务实、真抓实干，坚持原则、认真负责，敬畏权力、慎用权力，保持拒腐蚀、永不沾的政治本色，创造出经得起实践、人民、历史检验的实绩。这里提出了好干部的"20 字标准"：信念坚定、为民服务、勤政务实、敢于担当、清正廉洁。严把政治关、品行关、作风关、廉洁关，真正让忠诚干净担当、为民务实清廉、奋发有为、锐意改革、实绩突出的干部得到褒奖和重用，让阳奉阴违、阿谀逢迎、弄虚作假、不干实事、会跑会要的干部没市场、受惩戒。要大力整治选人用人上的不正之风，使用人风气更加清朗，坚决纠正"劣币驱逐良币"的逆淘汰现象，以用人环境的风清气正促进政治生态的山清水秀。

2018 年 7 月在全国组织工作会议上的讲话中，习近平总书记再次强调："贯彻新时代党的组织路线，建设忠诚干净担当的高素质干部

队伍是关键，重点是要做好干部培育、选拔、管理、使用工作。要建立源头培养、跟踪培养、全程培养的素质培养体系，教育引导干部加强党性修养、筑牢信仰之基，加强政德修养、打牢从政之基，严守纪律规矩、夯实廉政之基，健全基本知识体系、强化能力之基，增强干部素质培养的系统性、持续性、针对性。"① 加强党性修养，就要检验党员干部是不是对党忠诚。对党是否忠诚，在革命年代就要看能不能为党和人民事业冲锋陷阵、舍生忘死，能不能喊一声"跟我来"，始终冲在前列。那在没有硝烟的和平时期如何进行检验？习近平总书记提出了若干标准："比如，能不能坚持党的领导，坚决维护党中央权威和集中统一领导，自觉在思想上政治上行动上同党中央保持高度一致；能不能坚决贯彻执行党的理论和路线方针政策，不折不扣把党中央决策部署落到实处；能不能严守党的政治纪律和政治规矩，做政治上的明白人、老实人；能不能坚持党和人民事业高于一切，自觉执行组织决定，服从组织安排，等等，都是对党忠诚的直接检验。组织上安排年轻干部去艰苦边远地区工作，是信任更是培养，年轻干部应该以此为荣、争先恐后。刀要在石上磨、人要在事上练，不经风雨、不见世面是难以成大器的。"② 这些标准是十分客观的标准，是总结干部成长规律得出来的科学结论。

要建立日常考核、分类考核、近距离考核的知事识人体系，强化分类考核，近距离接触干部，使选出来的干部组织放心、群众满意、干部服气。想要解决"识人不准"这一问题，要学会观察干部面对重

---

① 习近平：《切实贯彻落实新时代党的组织路线　全党努力把党建设得更加坚强有力》，《人民日报》2018 年 7 月 5 日。

② 习近平：《信念坚定对党忠诚实事求是担当作为　努力成为可堪大用能担重任的栋梁之才》，《人民日报》2021 年 9 月 2 日。

大问题时，他是怎么思考解决的；面对人民群众的需求时，他摆出了什么样的态度；面对官场名利时，他是怎么取舍的；面对复杂烦琐的难题时，他是用什么样的逻辑排序的。古人云："近水而知鱼性，近山而识鸟音。"小事大事全要看、生活工作都要抓，考核不仅要把功夫下在平时，更要注重观察干部在处理复杂问题、完成急难险重任务、应对重大考验中的表现。

要建立以德为先、任人唯贤、人事相宜的选拔任用体系，坚持好干部标准，把政治标准放在第一位，坚持五湖四海、任人唯贤，广开进贤之路，坚持事业为上，以事择人、人岗相适。要树立强烈的人才意识，不拒众流，方为江海。在寻求人才方面抱着求贤若渴的态度，要有发现人才如获至宝的感觉，推荐人才时不拘一格，任用人才时各展其能、各尽其才。不拘一格不只是说要破格提拔，不能有只看资历、均衡照顾、求全责备等传统观念，还要力争打破隐性台阶；领导经验的积累需要累计一定的台阶资历，但我们讲台阶时不能只认台阶、看资历时不能只看资历。

要建立管思想、管工作、管作风、管纪律的从严管理体系，加强全方位管理，加强党内监督，管好关键人、管到关键处、管住关键事、管在关键时，特别是要把一把手管住管好。考核要根据现实状况、资源禀赋、发展阶段、基础设施水平、主体功能区定位以及历史文化传统进行，在内容上要区别对待；依据每个人不同的职责任务，分别制定具体的考核办法和评价机制，进一步提升考核的有效性和准确性。针对主要领导干部、班子成员、不同职位的领导干部制定不同的考核要求，避免程序化、模式化现象的发生；对于"关键少数"领导干部，也要求增强自觉学习法规制度意识，以身作则、起到先锋模范作用。考核既要考核思想，看其对于马克思主义中国化时代化最新成果的掌握和运用程度，还要考核工作状况，看其工作是否符合人民群众的诉求；既要考核作风，看其工作作风是否见实效，也要管纪律执行情况。

要建立崇尚实干、带动担当、加油鼓劲的正向激励体系，树立体现讲担当、重担当的鲜明导向。要及时地、果断地、大胆地任用勇于担当、敢于负责、敢于作为、成绩突出的干部。只要是有真本事，真干事、能干事、干成事的，组织上是不会将其埋没的。对于崇尚实干、敢于担当的干部要及时提拔使用，给他们更大的舞台，使他们能够在为人民服务的舞台上尽情挥洒才华。

第六节　构建自我净化、自我完善、自我革新、自我提高的制度规范体系

一、 以学习制度的不断完善来构建自我净化、 自我完善、自我革新、 自我提高的思想基础

早在延安时期，我们党就建立了学习制度。1941 年 5 月，毛泽东在延安高级干部会上作《改造我们的学习》的报告，倡导"将我们全党的学习方法和学习制度改造一下"①，以解决"不注重研究现状，

---

① 《毛泽东选集》第 3 卷，人民出版社 1991 年版，第 795 页。

不注重研究历史，不注重马克思列宁主义的应用"① 的问题。1941 年
9 月，下发了《关于高级学习组的决定》。1941 年 12 月，下发了《中
共中央关于延安干部学校的决定》。1942 年 2 月，下发了《中共中央
关于在职干部教育的决定》，使学习制度化了。新中国成立后，下发
了《中共中央关于加强理论教育的决定（草案）》《中国共产党中央
委员会关于一九五三——一九五四年干部理论教育的指示》《中共中
央关于加强初级党校工作的指示》。1961 年 9 月，下发了《中共中央
关于轮训干部的决定》，到 1962 年 10 月，全党参加轮训的干部达到
114000 余人。进入改革开放和社会主义现代化建设新时期，邓小平号
召"全党同志一定要善于学习，善于重新学习"②。党的十一届五中
全会通过的《关于党内政治生活的若干准则》，要求"努力学习，做
到又红又专"③。1990 年 9 月，下发《中共中央关于加强党校工作的
通知》，规定干部进党校学习要制度化、规范化。1991 年 9 月，下发
《中共中央关于抓紧培养教育青年干部的决定》，提出要分期、分批、
分层次地对各类青年干部进行理论培训。1998 年 11 月，下发《中共
中央关于在县级以上党政领导班子、领导干部中深入开展以"讲学
习、讲政治、讲正气"为主要内容的党性党风教育的意见》。2001 年
1 月，下发《2001—2005 年全国干部教育培训规划》，把干部教育培
训放在重要战略地位上。党的十六大以来，中共中央政治局集体学习
形成制度化。胡锦涛主持十六届中央政治局第一次集体学习时指出：

---

①《毛泽东选集》第 3 卷，人民出版社 1991 年版，第 797 页。

② 中共中央文献研究室编：《毛泽东　邓小平　江泽民论党的建设》，中央文献出版社、中共中央党校
出版社 1998 年版，第 358 页。

③《关于党内政治生活的若干准则》，人民出版社 1980 年版，第 26 页。

"要做合格的领导者和管理者，必须大力加强学习。"① 十六届和十七届中央政治局共进行了 77 次集体学习。全党开展了"三个代表"重要思想学习教育活动、保持共产党员先进性教育活动、学习实践科学发展观等集中性学习教育。相继颁发《干部教育培训工作条例（试行）》《2006—2010 年全国干部教育培训规划》《关于推进学习型党组织建设的意见》。党的十八大以来，习近平总书记指出："把学习型放在第一位，是因为学习是前提，学习好才能服务好，学习好才有可能进行创新。"② 中央领导带头学习，十八届中央政治局共进行了 43 次集体学习，截至 2022 年 2 月 26 日，十九届中央政治局共进行了 37 次集体学习。2013 年 5 月，下发《中共中央关于在全党深入开展党的群众路线教育实践活动的意见》。2015 年 4 月，中共中央办公厅印发《关于在县处级以上领导干部中开展"三严三实"专题教育方案》的通知。2016 年 2 月，中共中央办公厅印发《关于在全体党员中开展"学党章党规、学系列讲话，做合格党员"学习教育方案》的通知。2017 年 1 月，中共中央办公厅印发了《中国共产党党委（党组）理论学习中心组学习规则》，使学习更加规范。2017 年 3 月，中共中央办公厅印发《关于推进"两学一做"学习教育常态化制度化的意见》的通知。2019 年 5 月，下发《中共中央关于在全党开展"不忘初心、牢记使命"主题教育的意见》。2021 年 2 月，中共中央印发《关于在全党开展党史学习教育的通知》；2021 年 5 月，中共中央办公厅印发《关于在全社会开展党史、新中国史、改革开放史、社会主义发展史宣传教育的通知》。2022 年 3 月，中共中央办公厅印发了《关于推动

---

① 卢先福、宋福范：《十六大以来党的建设理论创新》，人民出版社 2007 年版，第 209 页。
②《习近平谈治国理政》第 1 卷，外文出版社 2018 年版，第 403 页。

党史学习教育常态化长效化的意见》，《意见》特别指出：把常态化长效化学习党史作为不断砥砺初心使命的重要途径，作为推进党的自我革命的重要要求，引导广大党员、干部深刻认识勇于自我革命是我们党区别于其他政党的显著标志，是我们党对如何跳出历史周期率的时代回答。"用好党推进自我革命的宝贵经验，认真践行永葆马克思主义政党本色的实践要求，在为谁执政、为谁用权、为谁谋利这个根本问题上头脑要特别清醒、立场要特别坚定。经常性开展政治体检，自觉打扫思想政治灰尘，积极开展批评和自我批评，不断增强政治免疫力。各级领导班子和领导干部要经常对照党章党规，对照党中央决策部署，对照人民群众新期待，对照先进典型、身边榜样，查找自身在政治、思想、组织、作风、能力、廉洁等方面存在的差距和不足，深刻检视剖析，认真抓好整改落实。"①

二、以准则和意见来构建自我净化、自我完善、自我革新、自我提高的制度规范

1980年，党的十一届五中全会通过了《关于党内政治生活的若干准则》，这个《准则》中有许多极为重要的规范要求：党的各级组织、各部门、每一个共产党员，都要自觉地、坚定不移地执行党的政治路线和思想路线。对党的路线和党的领导采取对抗、消极抵制或阳奉阴违的两面派态度，是党的纪律所不容许的。任何部门、任何下级组织和党员，对党的决定采取各行其是、各自为政的态度，合意的就

---

①《关于推动党史学习教育常态化长效化的意见》，《人民日报》2022年3月22日。

执行，不合意的就不执行，公开地或者变相地进行抵制，以至擅自推翻，都是严重违反党纪的行为。绝对禁止搞宗派活动，搞小圈子；不允许拉拢一部分人，排斥一部分人；抬一部分人，压一部分人。不要纠缠历史旧账。要坚决反对拉拉扯扯，吹吹拍拍，看领导眼色说话办事，拿原则做交易，投机钻营，向党伸手要名誉地位的官僚政客作风和市侩行为。对于派性、无政府主义、极端个人主义和官僚主义、特殊化等错误倾向，要进行严肃的批评和斗争。1980 年的《准则》的基本精神不仅现在仍然适用，而且对推进自我革命有重要的指导意义。2016 年 10 月 27 日，党的十八届六中全会通过的《关于新形势下党内政治生活的若干准则》对于自我革命在新时代的建构意义同样十分重大。这个准则首先肯定了 1980 年《准则》的意义："一九八〇年，党的十一届五中全会深刻总结历史经验特别是'文化大革命'的教训，制定了《关于党内政治生活的若干准则》，为拨乱反正、恢复和健全党内政治生活、推进党的建设发挥了重要作用，其主要原则和规定今天依然适用，要继续坚持。"[①] 2016 年的《准则》确定了一系列推进自我革命的制度：坚持和创新党内学习制度。以党委（党组）中心组学习等制度为主要抓手，各级党组织要定期开展集体学习。考察识别干部特别是高级干部必须首先看是否坚定不移贯彻党的基本路线。对在大是大非问题上没有立场、没有态度、无动于衷、置身事外，在错误言行面前不抵制、不斗争，明哲保身、当老好人等政治不合格的坚决不用，已在领导岗位的要坚决调整，情节严重的要严肃处理。全党必须严格执行重大问题请示报告制度。全国人大常委会、国

---

① 《关于新形势下党内政治生活的若干准则》，人民出版社 2016 年版，第 2 页。

务院、全国政协，中央纪律检查委员会，最高人民法院、最高人民检察院，中央和国家机关各部门，各人民团体，各省、自治区、直辖市，其党组织要定期向党中央报告工作。研究涉及全局的重大事项或作出重大决定要及时向党中央请示报告，执行党中央重要决定的情况要专题报告。党内不准搞拉拉扯扯、吹吹拍拍、阿谀奉承。对领导人的宣传要实事求是，禁止吹捧，禁止给领导人祝寿、送礼、发致敬函电，禁止在领导干部国内考察工作时组织迎送、张贴标语、敲锣打鼓、铺红地毯、举行宴会等。改进和创新联系群众方法，建立和完善民意调查等制度，利用传统媒体和互联网等各种渠道了解社情民意，倾听群众呼声，密切党群干群关系，把对上负责和对下负责一致起来，着力实现好、维护好、发展好最广大人民根本利益。这些规定对于党的自我革命起到了巨大的推动作用。除了这两个《准则》，2019年1月，《中共中央关于加强党的政治建设的意见》对于推进自我革命也具有重要意义。《意见》强调严格执行《关于新形势下党内政治生活的若干准则》《中国共产党重大事项请示报告条例》《中共中央政治局关于加强和维护党中央集中统一领导的若干规定》等党内法规，加强对贯彻执行党的路线方针政策和决议情况的督促检查，完善党中央重大决策部署和习近平总书记重要指示批示贯彻落实的督查问责机制。坚持党总揽全局、协调各方，建立健全坚持和加强党的全面领导的制度体系，为把党的领导落实到改革发展稳定、内政外交国防、治党治国治军各领域各方面各环节提供坚实制度保障。

三、 以一系列条例和规定来构建自我净化、 自我完善、 自我革新、 自我提高的制度规范

当前，对于党的自我革命，无论是条例还是规定都已经逐步体系化了。我们有《中国共产党地方委员会工作条例》（2016 年颁布，33条）、《中国共产党工作机关条例（试行）》（2017 年颁布，30 条）、《中国共产党党务公开条例（试行）》（2017 年颁布，27 条）、《中国共产党支部工作条例（试行）》（2018 年颁布，37 条）、《中国共产党农村工作条例》（2019 年颁布，36 条）、《中国共产党党内法规制定条例》（2012 年 5 月 26 日中共中央批准并发布，2019 年 8 月 30 日中共中央政治局会议修订，43 条），我们还有《中国共产党党内监督条例》（2016 年通过，47 条）、《中国共产党巡视工作条例》（2017 年修改颁布，42 条）、《中国共产党纪律处分条例》（2018 年颁布，142条）、《中国共产党党组工作条例》（2019 年颁布，45 条）、《中国共产党问责条例》（2019 年颁布，27 条）、《中国共产党重大事项请示报告条例》（2019 年颁布，48 条）、《中国共产党党员教育管理工作条例》（2019 年颁布，46 条），这些条例形成了一个体系化的制度规范，使自我革命在制度轨道上运行。

除了这些条例，我们党还制定了众多的规定：《中国共产党党内法规和规范性文件备案审查规定》（2012 年 6 月 4 日中共中央批准，2012 年 6 月 4 日中共中央办公厅发布，2019 年 8 月 30 日中共中央政治局会议修订，28 条）、《中国共产党党内法规执行责任制规定（试行）》（2019 年 8 月 30 日中共中央政治局会议审议批准，2019 年 9 月 3 日中共中央发布，19 条）、《县以上党和国家机关党员领导干部民主

生活会若干规定》（2017 年颁布，22 条）、《领导干部报告个人有关事项规定》（2017 年颁布，21 条）、《中国共产党组织处理规定（试行）》（2021 年颁布，19 条）、《推进领导干部能上能下规定》（2022 年颁布，18 条）等。这些规定有很多方面都是围绕着自我革命而展开的，如《县以上党和国家机关党员领导干部民主生活会若干规定》就明确指出："民主生活会是党内政治生活的重要内容，是发扬党内民主、加强党内监督、依靠领导班子自身力量解决矛盾和问题的重要方式。坚持和完善民主生活会制度，对于新形势下加强和规范党内政治生活，增强党自我净化、自我完善、自我革新、自我提高能力，实现党的正确领导，维护党的团结和集中统一，引导党员领导干部牢固树立政治意识、大局意识、核心意识、看齐意识，自觉践行'三严三实'要求，始终做到忠诚干净担当，具有重要作用。"① 这一系列规定会不断增强党自我净化、自我完善、自我革新、自我提高能力，使自我革命始终在高水平和高层次上运行。

　　自我革命既不是一场政治秀，也不是一场一劳永逸的运动。自我革命伴随着我们党的历史，是一个极为漫长而且复杂的过程。自我革命在不同历史阶段的历史任务会有很大的不同，其革命指向性的重点也会变化，但坚守马克思主义信仰、共产主义远大理想的信念永不会变，以人民为中心的价值理念永不能变，在大风大浪中淬炼自己意志的决心永不能变。1949 年 3 月 23 日，党中央从西柏坡动身前往北京时，毛泽东同志意味深长地说："今天是进京的日子，进京赶

---

① 中共中央党史和文献研究院编：《十八大以来重要文献选编》（下），中央文献出版社 2018 年版，第 523 页。

考去。"① 2016 年 7 月 1 日，在庆祝中国共产党成立 95 周年大会上，习近平总书记谆谆告诫我们："这场考试还没有结束，还在继续。"② 2018 年 1 月 5 日，在新进十九届中央委员会的委员、候补委员和省部级主要领导干部学习贯彻习近平新时代中国特色社会主义思想和党的十九大精神研讨班开班式的讲话中，习近平总书记更是向全党发出强大动员令："昨天的成功并不代表着今后能够永远成功，过去的辉煌并不意味着未来可以永远辉煌。时代是出卷人，我们是答卷人，人民是阅卷人。要实现党和国家兴旺发达、长治久安，全党同志必须保持革命精神、革命斗志，勇于把我们党领导人民进行了 97 年的伟大社会革命继续推进下去，决不能因为胜利而骄傲，决不能因为成就而懈怠，决不能因为困难而退缩，努力使中国特色社会主义展现更加强大、更有说服力的真理力量。"③ 时代在时时刻刻出题，我们必须聚精会神答题，人民会公正客观地判题，我们一定要答出优异成绩。

---

① 中共中央文献研究室编：《毛泽东思想年编：1921~1975》，中央文献出版社 2011 年版，第 647 页。

② 中共中央党史和文献研究院编：《十八大以来重要文献选编》（下），中央文献出版社 2018 年版，第 359 页。

③ 《习近平谈治国理政》第 3 卷，外文出版社 2020 年版，第 70－71 页。